Paul Gerhardt | Geistliche Lieder

Paul Gerhardt
Geistliche Lieder

Herausgegeben von Dorothea Wendebourg
in Zusammenarbeit mit Andreas Stegmann

Reclam

RECLAMS UNIVERSAL-BIBLIOTHEK Nr. 19058

Gestaltung: Cornelia Feyll, Friedrich Forssman
Gesamtherstellung: Reclam, Ditzingen. Printed in Germany 2013
RECLAM, UNIVERSAL-BIBLIOTHEK und
RECLAMS UNIVERSAL-BIBLIOTHEK sind eingetragene Marken
der Philipp Reclam jun. GmbH & Co. KG, Stuttgart
ISBN 978-3-15-019058-6
www.reclam.de

Unter allen, die da leben

Unter allen, die da leben
  hat ein jeder seinen Fleiß
Und weiß dessen Frucht zugeben:
  doch hat der den grösten preiß
Der dem höchsten Ehre bringt
  Und von Gottes Namen singt.
Unter allen die da singen /
  Und mit wolgefaster Kunst
Ihrem Schöpffer Opffer bringen
  Hat ein jeder seine Gunst.
Doch ist der am besten dran
  Der mit Andacht singen kan.

Pauli Gerhardi Geistliche Andachten Bestehend in hundert und zwantzig Liedern (1666/67)

[1] Passion-Lied

1.

EIn Lämmlein geht und trägt die schuld
   Der Welt und ihrer Kinder /
Es geht / und träget in Gedult
   Die Sünden aller Sünder:
Es geht dahin / wird matt und kranck /
Ergibt sich auf die Würgebanck /
   Verzeiht sich aller Freuden /
Es nimmet an Schmach Hohn und Spot /
Angst / Wunden / Strimen / Creutz und Tod /
   Und spricht: Ich wils gern leyden.

2.

Das Lämmlein ist der grosse Freund
   Und Heyland meiner Seelen:
Den / den hat GOtt zum Sünden-Feind
   Und Söhner wollen wählen.
Geh hin / mein Kind / und nim dich an
Der Kinder / die ich außgethan
   Zur Straff und Zornes-Ruten:
Die Straff ist schwer / der Zorn ist groß:
Du kanst und solst sie machen loß
   Durch sterben und durch bluten.

3.
Ja Vater / ja von Hertzengrund /
Leg auf / ich wil diers tragen:
Mein Wollen hengt an deinem Mund /
Mein Würcken ist dein Sagen.
O Wunder-Lieb! O Liebes-Macht!
Du kanst / was nie kein Mensch gedacht /
GOTT seinen Sohn abzwingen:
O Liebe / Liebe / du bist starck:
Du streckest den ins Grab und Sarg /
Vor dem die Felsen springen.

4.
Du marterst ihn am Creutzes-Stamm
Mit Nägeln und mit Spiessen:
Du schlachtest ihn als wie ein Lamm /
Machst Hertz und Adern fliessen /
Das Hertze mit der Seufftzer Krafft /
Die Adern mit dem edlen Safft
Des Purpur-rothen Blutes.
O süsses Lamm / was sol ich dir
Erweisen dafür / daß du mir
Erzeigest so viel gutes:

5.
Mein Lebetage wil ich dich
Aus meinem Sinn nicht lassen:
Dich wil ich stets / gleich wie du mich /
Mit Liebes-Armen fassen.
Du solt seyn meines Hertzens Liecht /
Und wann mein Hertz in stücken bricht /

Solt du mein Hertze bleiben.
Ich wil mich dir mein höchster Ruhm /
Hiermit zu deinem Eigenthum
Beständiglich verschreiben.

6.

Ich wil von deiner Lieblichkeit
Bey Nacht und Tage singen:
Mich selbst auch dir zu aller Zeit
Zum Freuden-Opffer bringen.
Mein Bach des Lebens sol sich dir
Und deinem Namen für und für
In Danckbarkeit ergiessen:
Und was du mir zu gut gethan /
Das wil ich stets / so tieff ich kan /
In mein Gedächtniß schliessen.

7.

Erweitre dich mein Hertzen-Schrein /
Du solt ein Schatz-Hauß werden /
Der Schätze / die viel grösser seyn
Als Himmel / Meer und Erden.
Weg mit dem Gold Arabia:
Weg Calmus / Myrrhen / Casia:
Ich hab ein bessers funden.
Mein grosser Schatz / Herr Jesu Christ /
Ist dieses / was geflossen ist
Aus deines Leibes Wunden.

8.
Das sol und wil ich mir zu Nutz
Zu allen Zeiten machen;
Im Streite sol es seyn mein Schutz /
In Traurigkeit mein Lachen:
In Frölichkeit mein Seitenspiel;
Und wann mir nichts mehr schmäken wil /
Sol mich diß Manna speisen /
Im Durst solls seyn mein Wasserquell /
In Einsamkeit mein Sprach-Gesell /
Zu Hauß und auch auff Reisen.

9.
Was schadet mir des Todes Gifft?
Dein Blut das ist mein Leben:
Wann mich der Sonnen Hitze trifft /
So kan mirs Schatten geben:
Setzt mir des Wemuths Schmerzen zu /
So find ich bey dir meine Ruh /
Als auff dem Bett ein Krancker:
Und wann des Creutzes Ungestüm
Mein Schifflein treibet ümb und ümb /
So bist du dann mein Ancker.

10.
Wann endlich ich sol treten ein
In deines Reiches Freuden /
So sol diß Blut mein Purpur seyn /
Ich wil mich darinn kleiden /
Es sol seyn meines Häuptes Kron /
In welcher ich wil vor dem Trohn

Des höchsten Vaters gehen:
Und dir / dem er mich anvertraut /
Als eine wolgeschmückte Braut /
An deiner Seiten stehen.

[2] Passions-Salve des heiligen Bernhardi / an die Gliedmassen des Herrn Jesu / An die Füsse

1.

SEy mir tausentmal gegrüsset /
Der mich je und je geliebt /
Jesu / der du selbst gebüsset /
Das / wormit ich dich betrübt.
Ach wie ist mir doch so wol /
Wann ich knyn und ligen soll
An dem Creutze / da du stirbest /
Und umb meine Seele wirbest.

2.

Ich umbfange / hertz und küsse
Der gekränckten Wunden Zahl /
Und die Purpur-rothen Flüsse /
Deiner Füß und Nägel-Maal.
O wer kan doch / schönster Fürst /
Den so hoch nach uns gedürst /
Deinen Durst und Liebs-Verlangen
Völlig fassen und umbfangen?

3.
Heyle mich / O Heyl der Seelen /
Wo ich kranck und traurig bin /
Nim die Schmertzen / die mich quälen /
Und den gantzen Schaden hin /
Den mir Adams Fall gebracht /
Und ich selbsten mir gemacht:
Wird / o Artzt / dein Blut mich netzen /
Wird sich all mein Jammer setzen.

4.
Schreibe deine blutge Wunden
Mir / Herr / in das Hertz hinein /
Das sie mögen alle Stunden
Bey mir unvergessen seyn:
Du bist doch mein schönstes Gut /
Da mein gantzes Hertze ruht:
Laß mich hier zu deinen Füssen
Deiner Lieb und Gunst geniessen.

5.
Diese Füsse wil ich halten
Auff das best ich immer kan.
Schaue meiner Hände falten
Und mich selbsten freundlich an
Von des hohen Creutzes Baum.
Und gib meiner Bitte raum
Sprich: Laß all dein Trauren schwinden
Ich / ich tilg all deine Sünden.

[3] [Passions-Salve des heiligen Bernhardi /
an die Gliedmassen des Herrn Jesu /]
An die Knye des HERRN JEsu

1.
GEgrüsset seyst du meine Kron /
Und König aller Frommen /
Der du zum Trost von deinem Trohn
Uns armen Sündern kommen.
O wahrer Mensch O wahrer Gott /
Ein Helffer / voller Hohn und Spott /
Den du doch nicht verschuldest.
Ach wie so arm / wie nackt und bloß
Hängst du am Creutz! wie schwer und groß
Ist dein schmertz / den du duldest.

2.
Es fleusset deines Blutes Bach
Mit gantzem vollen Hauffen /
Dein Leib ist dir mit Ungemach
Gantz durch und durch belauffen.
O ungeschränckte Majestät /
Wie kömmts / daß dirs so kläglich geht?
Das macht dein Huld und Treue:
Wer danckt dir des? wo ist der Mann /
Der sich / wie du für uns gethan /
Vor dir zu sterben freue?

3.
Was sol ich dir doch immermehr /
Mein Liebster / dafür geben /
Daß dein Hertz sich so hoch und sehr
Bemüht hat umb mein Leben?
Du rettest mich durch deinen Tod
Von mehr als eines Todes Noth /
Und machst mich sicher wohnen.
Laß Höll und Teuffel böse seyn:
Was schadts? Sie müssen dannoch mein
Und meiner Seelen schonen.

4.
Für grosser Lieb und heilger Lust /
Damit du mich erfüllet /
Drück ich dich an mein Hertz und Brust /
So wird mein Leid gestillet /
Das deinen Augen wol bekannt:
Und das ist dir ja keine Schand /
Ein kranckes Hertz zu laben:
Ach bleib mir hold und gutes Muths /
Bis mich die Ströme deines Bluts
Gantz rein gewaschen haben.

5.
Sey du mein Schatz und höchste Freud /
Ich wil dein Diener bleiben /
Und deines Creutzes Hertzeleid
Wil ich in mein Hertz schreiben:
Verleihe du mir Krafft und Mach
Damit / was ich bey mir bedacht /

Ich mög ins Werck auch setzen /
So wirstu / Schönster / meinen Sinn /
Und alles was ich hab und bin
Ohn unterlaß ergötzen.

[4] [Passions-Salve des heiligen Bernhardi /
an die Gliedmassen des Herrn Jesu /]
An die Hände des HERREN JESU

1.
SEy wol gegrüsset guter Hirt
Und ihr / O heilgen Hände
Voll Rosen / die man preisen wird
Bis an des Himmels Ende:
Die Rosen / die
ich mein allhie /
Sind deine Maal und Plagen /
Die dir am End
In deine Händ
Am Creutze sind geschlagen.

2.
Du zahlst mit beyden Händen dar
Die Edlen rothen Gülden /
Und bringst die gantze Menschen Schaar
Dadurch aus allen Schulden.
Ach laß von mir /
O Liebster / dir
Dies' Hände hertzlich drücken /
Und mit dem Blut /
Das mir zu gut
Vergossen / mich erquicken.

3.
Wie freundlich thust du dich doch zu /
Und greiffst mit beyden Armen
Nach aller Welt / in Lieb und Ruh
Uns ewig zu erwarmen.
Ach HERR / sieh hier /
Mit was Begier
Ich Armer zu dir trette!
Sey mir bereit /
Und gib mir Freud
Und Trost / darumb ich bäte.

4.
Zeuch allen meinen Geist und Sinn
Nach dir und deiner Höhe;
Gib / daß mein Hertz nur immerhin
Nach deinem Creutze stehe:
Ja daß ich mich
Selbst williglich
Mit dir ans Creutze binde /
Und mehr und mehr
Tödt und zerstör
In mir des Fleisches Sünde.

5.
Ich hertz und küsse wiederumb
Aus rechten treuen Hertzen /
HERR / deine Händ / und sage Ruhm
Und Danck für ihren Schmertzen;
Darneben geb
Ich / weil ich leb

In diese deine Hände
Hertz / Seel und Leib /
Und also bleib
Ich dein / bis an mein Ende.

[5] [Passions-Salve des heiligen Bernhardi /
an die Gliedmassen des Herrn Jesu /]
An die Seite des HERRN JESU

1.
ICh grüsse dich / du frömster Mann /
Der hertzlich gern vergiebet:
Wie hertzlich weh wird dir gethan /
Wie wird dein Leib betrübet!
Es grüsset Dich mein gantzer Geist /
Du meines Heylands Seite /
Du edler Quell / aus welchem fleußt
Das Blut / das so viel Leute
Von ihren Sünden wäschet.

2.
Ich mach / Herr Jesu / mich zu dir /
Ach halt mirs ja zu gute /
Und laß mich suchen Trost für mir
In deiner Wunden Blute:
Du werthe Wunde sey gegrüßt /
Du weites Thor der Gnaden /
Daraus sich Blut und Wasser gießt /
Und da all unsern Schaden
Kan abgeholffen werden.

3.
Du reuchst mir süsser / als der Wein /
Und heilst die Giefft der Schlangen:
Du flössest mir das Leben ein /
Und stillst des Dursts Verlangen.
Eröffne dich / du liebe Wund /
Und laß mein Hertze trincken:
Ists müglich / laß mich gar zu Grund
In dir gehn und versincken /
So werd' ich mich recht laben.

4.
Mein Mund streckt sich mit aller Krafft /
Damit er dich berühre /
Und ich den theuren Lebens-Safft
Im Marck und Beinen spüre.
Ach wie so süsse bist du doch /
HErr JEsu meinem Hertzen.
Wer dich recht liebt / dem wird das Joch
Der bittern Todes-Schmertzen
Gleich als wie lauter Zucker.

5.
Verbirge mich / und schleuß mich ein
In deiner Seiten Höle /
Hier laß mich still und sicher seyn /
Hier wärme meine Seele /
Wann mich der kalte Tod befällt:
Und wann der höllsche Löwe
Nach mir und meinem Geiste stellt /
So laß in deiner Treue
Mich dann fein ruhig bleiben.

[6] [Passions-Salve des heiligen Bernhardi / an die Gliedmassen des Herrn Jesu /] An die Brust des Herren Jesu

1.

GEgrüsset seyst du Gott mein Heil /
Mein einge Lieb und schönstes Theil:
Gegrüsset seyst du werthe Brust /
Du Gottes Thron / du Menschen Lust /
Du träger aller Bürd und Last /
Du aller Mühden Ruh und Rast.

2.

Mein Jesu / neige dich zu mir
Mit deiner Brust / damit von dir
Mein Hertz in deiner Lieb entbrenn /
Und von der gantzen Welt sich trenn.
Halt Hertz und Brust in Andacht reich /
Und mich gantz deinen Willen gleich.

3.

Mach Herr / durch deines Hertzens Quell
Mein Hertz vom Unflat rein und hell /
Der du bist Gottes Glantz und Bild
Und aller armen Trost und Schild:
Theil aus dem Schatze deiner Gnad
Auch mir mit Gnade / Raht und That.

4.
O süsse Brust / thu mir die Gunst /
Und fülle mich mit deiner Brunst /
  Du bist der Weißheit tieffer Grund /
  Dich lobt und singt der Engel Mund /
Aus dir entspringt die edle Frucht /
Die dein Johannes bey dir sucht.

5.
In dir wohnt alle Gottesfüll /
Hast alles / was ich wüntsch und wil /
  Du bist das rechte GOttes-Hauß /
  Drumb wann zur Welt ich muß hinaus /
So schleuß mich treulich in dir ein /
Und laß mich ewig bey dir seyn.

[7] [Passions-Salve des heiligen Bernhardi / an die Gliedmassen des Herrn Jesu /]
An das Hertz des HERRN JEsu

1.
O Hertz des Königs aller Welt
Des Herrschers in dem Himmelszelt /
  Dich grüst mein Hertz mit Freuden /
Mein Hertze / wie dir wol bewust /
Hat seine gröst und höchste Lust
  An dir und deinem Leyden.
Ach wie bezwang und drang dich doch
Dein edle Lieb ins bittre Joch

Der Schmertzen dich zu geben!
Da du dich neigtest in den Tod /
Zu retten aus der Todes-Noht
Mich und mein armes Leben.

2.

O Tod / du frembder Erden-Gast /
Wie warst du so ein herbe Last
Dem allersüsten Hertzen!
Dich hat ein Weib der Welt gebracht /
Und machst dem / der die Welt gemacht /
So unerhörte Schmertzen.
Du meines Hertzens Hertz und Sinn /
Du brichst / und fällst / und stirbst dahin /
Wollst mir ein Wort gewähren:
Ergreiff mein Hertz / und schleuß es ein
In dir und deiner Liebe-Schrein /
Mehr wil ich nicht begehren.

3.

Mein Hertz ist kalt / hart und bethört
Von allem / was zur Welt gehört /
Fragt nur nach eiteln Sachen;
Drumb / hertzes Hertze bitt ich dich
Du wollest diß mein Hertz und mich
Warm / weich und sauber machen.
Laß deine Flamm und starcke Glut
Durch all mein Hertze / Geist und Muth
Mit allen Kräfften dringen:
Laß deine Lieb und Freundlichkeit
Zur Gegen-Lieb HERR jeder Zeit
Mich armen Sünder bringen.

4.
Erweitre dich / mach alles voll /
Sey meine Ros / und riech mir wol /
  Bring Hertz und Hertz zusammen:
Entzünde mich durch dich / und laß
Mein Hertz ohn End und alle Maß
  In deiner Liebe flammen:
Wer dieses hat / wie wohl ist dem /
In dir beruhn ist angenehm:
  Ach niemand kans gnug sagen:
Wer dich recht liebt / ergiebt sich frey
In deiner Lieb und süssen Treu
  Auch wol den Tod zu tragen.

5.
Ich ruff aus aller Hertzens Macht
Dich Hertz / in dem mein Hertze wacht /
  Ach laß dich doch erruffen:
Komm / beug und neige dich zu mir
An meines Hertzens arme Thür /
  Und zeuch mich auff die Stuffen
Der Andacht und der Freudigkeit;
Gib / daß mein Hertz in Lieb und Leyd
  Dein eigen sey und bleibe /
Daß dir es dien an allem Ort /
Und dir zu Ehren immerfort
  All seine Zeit vertreibe.

6.

O Hertzens Ros / O schönste Blum /
Ach wie so köstlich ist dein Ruhm /
Du bist nicht außzupreisen:
Eröffne dich / laß deinen Safft /
Und des Geruchs erhöhte Krafft
Mein Hertz und Seele speisen:
Dein Hertz / HErr JEsu ist verwundt /
Ach tritt zu mir in meinen Bund /
Und gib mir deinen Orden:
Verwund auch mich / o süsses Heyl /
Und triff mein Hertz mit deinem Pfeil /
Wie du verwundet worden.

7.

Nim mein Hertz / o mein höchstes Guth /
Und leg es hin / wo dein Hertz ruht /
Da ists wohl auffgehoben:
Da gehts mit dir / gleich als zum Tantz /
Da lobt es deines Hauses Glantz /
Und kans doch nicht gnug loben:
Hier setzt sichs / hier gefällts ihm wohl /
Hier freut sichs / daß es bleiben sol /
Erfüll / HErr meinen Willen:
Und weil mein Hertz dein Hertze liebt /
So laß auch / wie dein Recht es giebt /
Dein Hertz mein Hertze stillen.

[8] [Passions-Salve des heiligen Bernhardi / an die Gliedmassen des Herrn Jesu /] An das Angesicht des HErrn JEsu

1.

O Haupt vol Blut und Wunden /
Vol Schmertz und voller Hohn!
O Haupt zum Spott gebunden
Mit einer Dornen Krohn!
O Haupt! sonst schön geziehret
Mit höchster Ehr und Ziehr /
Itzt aber höchst schimpfiret /
Gegrüsset seyst du mir.

2.

Du edles Angesichte /
Dafür sonst schrickt und scheut
Das grosse Welt-Gewichte /
Wie bist du so bespeyt?
Wie bist du so erbleichet?
Wer hat dein Augenlicht /
Dem sonst kein Licht nicht gleichet /
So schändlich zugericht?

3.

Die Farbe deiner Wangen /
Der rothen Lippen Pracht
Ist hin / und gantz vergangen:
Des blassen Todes Macht
Hat alles hingenommen /
Hat alles hingerafft /
Und daher bist du kommen
Von deines Leibes Krafft.

4.
Nun was du / HErr erduldet /
Ist alles meine Last:
Ich hab es selbst verschuldet
Was du getragen hast.
Schau her / hier steh ich Armer /
Der Zorn verdienet hat /
Gib mir / o mein Erbarmer /
Den Anblick deiner Gnad.

5.
Erkenne mich / mein Hüter /
Mein Hirte nim mich an:
Von dir / Quell aller Güter /
Ist mir viel guts gethan:
Dein Mund hat mich gelabet
Mit Milch und süsser Kost /
Dein Geist hat mich begabet
Mit mancher Himmels-Lust.

6.
Ich wil hier bey dir stehen /
Verachte mich doch nicht:
Von dir wil ich nicht gehen /
Wann dir dein Hertze bricht /
Wann dein Haupt wird erblassen
Im letzten Todesstoß /
Alsdann wil ich dich fassen
In meinen Arm und Schooß.

7.

Es dient zu meinen Freuden /
Und kömmt mir hertzlich wol /
Wann ich in deinem Leyden /
Mein Heyl / mich finden sol!
Ach möcht ich / O mein Leben /
An deinem Creutze hier /
Mein Leben von mir geben!
Wie wol geschehe mir!

8.

Ich dancke dir von Hertzen /
O Jesu / liebster Freund
Für deines Todes Schmertzen /
Da dus so gut gemeint:
Ach gib / daß ich mich halte
Zu dir und deiner Treu /
Und wann ich nun erkalte /
In dir mein Ende sey.

9.

Wann ich einmal sol scheiden /
So scheide nicht von mir!
Wann ich den Tod sol leyden /
So tritt du dann herfür:
Wann mir am allerbängsten
Wird umb das Hertze seyn:
So reiß mich aus den Ängsten /
Krafft deiner Angst und Pein.

10.
Erscheine mir zum Schilde /
  Zum Trost in meinem Tod /
Und laß mich sehn dein Bilde
  In deiner Creutzes-Noht /
Da wil ich nach dir blicken /
  Da wil ich Glaubens vol
Dich fest an mein Hertz drücken.
  Wer so stirbt / der stirbt wol.

[11] Gib dich zufrieden

1.
GIb dich zu frieden / und sey stille
  In dem Gotte deines Lebens /
In ihm ruht aller Freuden Fülle /
  Ohn ihn mühst du dich vergebens.
Er ist dein Quell und deine Sonne /
Scheint täglich hell zu deiner Wonne.
    Gib dich zu frieden.

2.
Er ist voll Liechtes / Trosts und Gnaden /
  Ungefärbtes treuen Hertzens.
Wo er steht / thut dir kein Schaden
  Auch die Pein des grösten Schmertzens /
Creutz / Angst und Noht kan Er bald wenden:
Ja auch den Tod hat Er in Händen.
    Gib dich zu frieden.

3.
Wie dirs und andern offt ergehe /
Ist ihm warlich nicht verborgen:
Er siht und kennet aus der Höhe
Der betrübten Hertzen Sorgen.
Er zehlt den Lauff der heissen Trähnen
Und fasst zu hauff all unser Sehnen
Gib dich zu frieden.

4.
Wann gar kein einger mehr auf Erden /
Dessen Treue du darffst trauen /
Alsdann wil Er dein treuster werden /
Und zu deinem besten schauen.
Er weiß dein Leyd und heimlich Grämen /
Auch weiß Er Zeit dich zu benehmen.
Gib dich zu frieden.

5.
Er hört die Seufftzen deiner Seelen /
Und des Hertzens stilles Klagen:
Und was du keinem darffst erzehlen
Magst du GOTT gar kühnlich sagen.
Er ist nicht fern: steht in der Mitten /
Hört bald und gern der armen Bitten.
Gib dich zu frieden.

6.
Laß dich dein Elend nicht bezwingen /
Halt an GOTT / so wirst du siegen:
Ob alle Fluthen einher gingen /

Dennoch must du oben liegen.
Denn wann du wirst zu hoch beschweret /
Hat GOTT dein Fürst dich schon erhöret.
Gib dich zu frieden.

7.
Was sorgst du für dein armes Leben /
Wie dus halten wollst und nähren?
Der dir das Leben hat gegeben /
Wird auch Unterhalt beschehren:
Er hat ein Hand voll aller Gaben /
Da See und Land sich muß von laben.
Gib dich zu frieden.

8.
Der allen Vöglein in den Wäldern
Ihr bescheidnes Körnlein weiset /
Der Schaaff und Rinder in den Feldern
Alle Tage tränckt und speiset:
Der wird ja auch dich eingen füllen /
Und deinen Bauch zur Nohtdurfft stillen.
Gib dich zu frieden.

9.
Sprich nicht: Ich sehe keine Mittel /
Wo ich such / ist nichts zum besten!
Dann das ist Gottes Ehren-Tittel:
Helffen / wann die Noht am grösten.
Wann ich und du ihn nicht mehr spüren /
Da schickt er zu uns wol zu führen.
Gib dich zu frieden.

10.
Bleibt gleich die Hülff in etwas lange /
Wird sie dannoch endlich kommen:
Macht dir das Harren angst und bange
Gläube mir / es ist dein Frommen.
Was langsam schleicht / fast man gewisser.
Und was verzeucht / ist desto süsser.
Gib dich zu frieden.

11.
Nim nicht zu Hertzen / was die Rotten
Deiner Feinde von dir dichten:
Laß sie nur immer weidlich spotten
Gott wirds hören / und recht richten.
Ist GOtt dein Freund und deiner Sachen /
Was kan dein Feind / der Mensch groß machen?
Gib dich zu frieden.

12.
Hat er doch selbst auch wol das seine
Wann ers sehen könt und wolte:
Wo ist ein Glück so klar und reine /
Dem nicht etwas fehlen solte?
Wo ist ein Hauß das könte sagen /
Ich weiß durchaus von keinen Plagen?
Gib dich zu frieden.

13.
Es kan und mag nicht anders werden /
Alle Menschen müssen leyden.
Was webt und lebet auf der Erden
Kan das Unglück nicht vermeyden.

Des Creutzes Stab schlägt unsre Lenden
Bis in das Grab: Da wird sichs enden.
Gib dich zu frieden.

14.

Es ist ein Ruhe-Tag verhanden /
Da uns unser GOTT wird lösen:
Er wird uns reissen aus den Banden
Dieses Leibs / und allem Bösen.
Es wird einmal der Tod herspringen /
Und aus der Quaal uns sämptlich bringen.
Gib dich zu frieden.

15.

Er wird uns bringen zu den Schaaren.
Der Erwählten und Getreuen /
Die hier mit Frieden abgefahren /
Sich auch nun im Friede freuen:
Da sie den Grund / der nicht kan brechen /
Den ewgen Mund selbst hören sprechen:
Gib dich zu frieden.

[13] Christliches Trost- und Freuden-Lied / Auß dem 8. Cap. an die Römer

1.

ISt GOtt für mich / so trete
Gleich alles wider mich:
So offt ich ruff und bethe /
Weicht alles hinter sich.

Hab ich das Haupt zum Freunde /
Und bin geliebt bey GOtt /
Was kan mir thun der Feinde
Und Wiedersacher Rott?

2.

Nun weiß und gläub' ich feste /
Ich rühms auch ohne Scheu /
Daß GOtt der Höchst und beste /
Mein Freund und Vater sey:
Und daß in allen Fällen
Er mir zur Rechten steh' /
Und dämpffe Sturm und Wellen /
Und was mir bringet Weh.

3.

Der Grund / da ich mich gründe /
Ist CHristus / und sein Blut:
Das machet / daß ich finde
Das ewge wahre Guth.
An mir und meinem Leben
Ist nichts auff dieser Erd':
Was CHristus mir gegeben /
Das ist der Liebe werth.

4.

Mein JEsus ist mein Ehre /
Mein Glantz und helles Liecht;
Wann der nicht in mir wäre /
So dürfft' und könt' ich nicht
Vor GOttes Augen stehen /

Und vor dem strengen Sitz:
Ich müste stracks vergehen
Wie Wachs in Feuers-Hitz.

5.

Mein JEsus hat gelöschet
Was mit sich führt den Tod:
Der ists / der mich rein wäschet /
Macht Schnee-weiß was ist roht:
In ihm kan ich mich freuen /
Hab' einen Helden-Muth /
Darff kein Gerichte scheuen /
Wie sonst ein Sünder thut.

6.

Nichts / nichts kan mich verdammen /
Nichts nimmet mir mein Hertz:
Die Höll und ihre Flammen
Die sind mir nur ein Schertz.
Kein Urtheil mich erschrecket /
Kein Unheil mich betrübt /
Weil mich mit Flügeln decket
Mein Heyland / der mich liebt.

7.

Sein Geist wohnt mir im Hertzen /
Regieret meinen Sinn:
Vertreibt mir Sorg' und Schmertzen /
Nimmt allen Kummer hin:
Gibt Segen und Gedeyen
Dem / was Er in mir schafft:
Hilfft mir das Abba schreyen
Auß aller meiner Krafft.

8.
Und wann an meinem Orte
Sich Furcht und Schwachheit findt /
So seufftzt und spricht er Worte /
Die unaußsprechlich sind.
Mir zwar und meinem Munde:
GOTT aber wol bewust /
Der an des Hertzens Grunde
Ersihet seine Lust.

9.
Sein Geist spricht meinem Geiste
Manch süsses Trost-Wort zu /
Wie GOtt dem Hülffe leiste /
Der bey ihm suchet Ruh':
Und wie Er hab' erbauet
Ein' edle neue Stadt /
Da Aug' und Hertze schauet
Was es gegläubet hat.

10.
Da ist mein Theil / mein Erbe
Mir prächtig zugericht:
Wann ich gleich fall' und sterbe /
Fällt doch mein Himmel nicht.
Muß ich auch gleich hier feuchten
Mit Trähnen meine Zeit /
Mein JEsus und sein Leuchten
Durchsüsset alles Leyd.

11.

Wer sich mit dem verbindet /
  Den Satan fleucht und hasst /
Der wird verfolgt: und findet
  Ein harte schwere Last
Zu leyden und zu tragen;
  Geräht in Hohn und Spott:
Das Creutz und alle Plagen
  Die seynd sein täglich Brodt.

12.

Das ist mir nicht verborgen /
  Doch bin ich unverzagt:
Dich wil ich lassen sorgen /
  Dem ich mich zugesagt:
Es koste Leib und Leben /
  Und alles was ich hab' /
An dir wil ich fest kleben /
  Und nimmer lassen ab.

13.

Die Welt die mag zerbrechen /
  Du stehst mir ewiglich:
Kein brennen / hauen / stechen
  Soll trennen mich und dich:
Kein Hunger und kein Dürsten /
  Kein Armuth / keine Pein /
Kein Zorn der grossen Fürsten
  Soll mir ein Hindrung seyn:

14.
Kein Engel / keine Freuden /
Kein Trohn / kein Herrligkeit:
Kein Lieben und kein Leyden /
Kein Angst kein Hertzeleyd:
Was man nur kan erdencken /
Es sey klein oder groß /
Der keines soll mich lencken
Auß deinem Arm und Schooß.

15.
Mein Hertze geht in Springen /
Und kan nicht traurig seyn /
Ist voller Freud' und Singen /
Siht lauter Sonnenschein;
Die Sonne die mir lachet
Ist mein HERR JEsus Christ:
Das was mich singend machet
Ist / was im Himmel ist.

[15] Christliches Freuden-Lied

1.
WArumb solt' ich mich dann grämen?
Hab ich doch
Christum noch /
Wer wil mir den nehmen?
Wer wil mir den Himmel rauben /
Den mir schon
GOttes Sohn
Beygelegt im Glauben?

2.
Nackend lag ich auff dem Boden /
Da ich kam /
Da ich nahm
Meinen ersten Oden:
Nackend werd' ich auch hinzihen /
Wann ich werd'
Von der Erd'
Als ein Schatten fliehen.

3.
Guth und Blut / Leib / Seel und Leben
Ist nicht mein:
GOtt allein
Ist es / ders gegeben.
Wil ers wieder zu sich kehren /
Nehm ers hin /
Ich wil ihn
dennoch frölich ehren.

4.
Schickt er mir ein Creutz zu tragen /
Dringt herein
Angst und Pein /
Solt' ich drumb verzagen?
Der es schickt / der wird es wenden /
Er weiß wol
Wie er soll
All mein Unglück enden.

5.

GOtt hat mich bey guten Tagen
Offt ergetzt:
Solt ich itzt
Nicht auch etwas tragen?
Fromm ist GOtt / und schärfft mit Massen
Sein Gericht:
Kan mich nicht
Gantz und gar verlassen.

6.

Satan / Welt und ihre Rotten
Können mir
Nichts mehr hier
Thun / als meiner spotten.
Laß sie spotten / laß sie lachen!
GOtt mein Heyl
Wird in Eil
Sie zu Schanden machen.

7.

Unverzagt und ohne Grauen
Soll ein Christ
Wo er ist
Stets sich lassen schauen.
Wolt' ihn auch der Tod auffreiben /
Soll der Muth
Dannoch gut
Und fein stille bleiben.

8.

Kan uns doch kein Tod nicht tödten /
Sondern reist
Unsern Geist
Auß viel tausend Nöhten:
Schleust das Thor der bittern Leyden /
Und macht Bahn /
Da man kan
Gehn zur Himmels-Freuden.

9.

Allda wil in süssen Schätzen
Ich mein Hertz
Auff den Schmertz
Ewiglich ergetzen.
Hier ist kein recht Guth zu finden /
Was die Welt
In sich hält
Muß im Hui verschwinden.

10.

Was sind dieses Lebens Güther?
Eine Hand
Voller Sand /
Kummer der Gemüther.
Dort / dort sind die edlen Gaben /
Da mein Hirt
Christus wird
Mich ohn Ende laben.

11.
HErr mein Hirt / Brunn aller Freuden /
  Du bist mein
  Ich bin dein /
Niemand kan uns scheiden.
Ich bin dein / weil du dein Leben
  Und dein Blut
  Mir zu gut
In den Tod gegeben.

12.
Du bist mein / weil ich dich fasse /
  Und dich nicht
  O mein Liecht /
Auß dem Hertzen lasse!
Laß mich / laß mich hingelangen /
  Da du mich
  Und ich dich
leiblich werd umbfangen.

[16] Christliche Zufriedenheit

1.
NIcht so traurig / nicht so sehr /
  Meine Seele / sey betrübt /
Daß dir GOtt Glück / Guth und Ehr
  Nicht so viel wie andern gibt /
Nim verlieb mit deinem GOtt.
Hast du GOtt / so hats nicht Noht.

2.

Du / noch eintzig Menschen-Kind
  Habt ein Recht in dieser Welt /
Alle die geschaffen sind /
  Sind nur Gäst im frembden Zelt.
GOtt ist HERR in seinem Hauß /
Wie ER wil / so theilt Er auß.

3.

Bist du doch darumb nicht hier /
  Daß du Erden haben solt /
Schau den Himmel über dir /
  Da / da ist dein edles Gold /
Da ist Ehre / da ist Freud' /
Freud' ohn End' / Ehr' ohne Neid.

4.

Der ist alber / der sich kränckt
  Umb ein Hand voll Eitelkeit /
Wann ihm GOtt dargegen schenckt
  Schätze der beständgen Zeit.
Bleibt der Centner dein Gewinn /
Fahr der Heller immer hin.

5.

Schaue alle Güther an /
  Die dein Hertz für Güther hält /
Keines mit dir gehen kan
  Wann du gehest auß der Welt:
Alles bleibet hinter dir /
Wann du tritst ins Grabes Thür.

6.
Aber was die Seele nehrt /
GOttes Huld und CHristi Blut /
Wird von keiner Zeit verzehrt /
Ist und bleibet allzeit gut;
Erden-Guth zerfällt und bricht /
Seelen-Guth das schwindet nicht.

7.
Ach wie bist du doch so blind /
Und im Dencken unbedacht /
Augen hast du / Menschen Kind
Und hast doch noch nie betracht
Deiner Augen helles Glaß /
Sihe / welch ein Schatz ist das!

8.
Zehle deine Finger her /
Und der andern Glieder Zahl /
Keins ist / das dir unwerth wär /
Ehrst und liebst sie allzumal /
Keines gäbst du weg umb Gold /
Wann man dirs abnehmen wolt.

9.
Nun so gehe in den Grund
Deines Hertzens / das dich lehrt /
Wie viel Gutes alle Stund
Dir von oben wird beschehrt.
Du hast mehr als Sand am Meer /
Und wilst doch noch immer mehr.

10.
Wüste / der im Himmel lebt /
das dir wäre nütz und gut /
Wornach so begierlich strebt
Dein verblendtes Fleisch und Blut /
Würde seine Frömmigkeit
Dich nicht lassen unerfreut.

11.
GOtt ist deiner Liebe voll /
Und von gantzem Hertzen treu /
Wann du wünschest / prüft Er wol
Wie dein Wunsch beschaffen sey:
Ist dirs gut / so geht Ers ein
Ists dein Schade / spricht er nein.

12.
Unterdessen trägt sein Geist
Dir in deines Hertzens Hauß
Manna / das die Engel speist /
Ziehrt und schmückt es hertzlich auß /
Ja erwählet / dir zum Heyl /
Dich zu seinem Guth und Theil.

13.
Ey so richte dich empor /
Du betrübtes Angesicht /
Laß das Seufftzen / nim hervor
Deines Glaubens Freuden-Liecht /
Das behalt / wann dich die Nacht
Deines Kummers traurig macht.

14.
Setze / als ein Himmels Sohn /
Deinem Willen Maaß und Ziehl;
Rühre stets vor GOttes Trohn
Deines Danckens Seytenspiel /
Weil dir schon gegeben ist
Mehres / als du würdig bist.

15.
Führe deines Lebens Lauff
Allzeit GOttes eingedenck:
Wie es kömmt / nim alles auff /
Als ein wolbedacht Geschenck.
Geht dirs wiedrig / laß es gehn /
GOtt und Himmel bleibt dir stehn.

[17] Auß dem 119. Psalm Davids

1.
ICh bin ein Gast auff Erden /
Und hab' hier keinen Stand:
Der Himmel soll mir werden /
Da ist mein Vaterland.
Hier reis' ich auß und abe:
Dort in der ewgen Ruh
Ist GOttes Gnaden-Gabe /
Die schleust all' Arbeit zu.

2.
Was ist mein gantzes Wesen
  Von meiner Jugend an
Als Müh und Noht gewesen
  So lang' ich dencken kan:
Hab' ich so manchen Morgen /
  So manche liebe Nacht
Mit Kummer und mit Sorgen /
  Des Hertzens zugebracht.

3.
Mich hat auff meinen Wegen
  Manch harter Sturm erschreckt /
Blitz / Donner / Wind und Regen
  Hat mir manch Angst erweckt;
Verfolgung / Haß und Neiden /
  Ob ichs gleich nicht verschuld /
Hab' ich doch müssen leyden
  Und tragen mit Gedult.

4.
So giengs den lieben Alten /
  An derer Fuß und Pfad
Wir uns noch täglich halten
  Wanns fehlt am guten Raht.
Wie muste sich doch schmiegen
  Der Vater Abraham
Eh' als ihm sein Vergnügen
  Und rechte Wohnstadt kam.

5.

Wie manche schwere Bürde
  Trug Isaac sein Sohn /
Und Jacob / dessen Würde
  Stieg bis zum Himmels Trohn;
Wie muste der sich plagen!
  In was für Weh und Schmertz /
In was für Furcht und Zagen
  Sanck offt sein armes Hertz!

6.

Die frommen heilgen Seelen
  Die giengen fort und fort /
Und enderten mit quälen
  Den erst bewohnten Ort /
Sie zogen hin und wieder /
  Ihr Creutz war immer groß /
Bis daß der Tod sie nieder
  Legt in des Grabes Schooß.

7.

Ich habe mich ergeben
  In gleiches Glück und Leid /
Was wil ich besser leben
  Als solche grosse Leut?
Es muß ja durchgedrungen /
  Es muß gelitten seyn.
Wer nicht hat wol gerungen /
  Geht nicht zur Freud hinein.

8.

So wil ich zwar nun treiben
  Mein Leben durch die Welt /
Doch denck ich nicht zu bleiben
  In diesem frembden Zelt.
Ich wandre meine Strassen
  Die zu der Heymat führt /
Da mich ohn alle massen
  Mein Vater trösten wird.

9.

Mein Heymat ist dort droben /
  Da aller Engel Schaar
Den grossen Herrscher loben /
  Der alles gantz und gar
In seinen Händen träget /
  Und für und für erhält /
Auch alles hebt und leget /
  Nach dems ihm wolgefällt.

10.

Zu dem steht mein Verlangen /
  Da wolt ich gerne hin:
Die Welt bin ich durchgangen /
  Daß ichs fast müde bin:
Je länger ich hier walle /
  Je wenger find ich Lust
Die meinem Geist gefalle:
  Das meist ist Stanck und Wust.

11.

Die Herberg' ist zu böse /
  Der Trübsal ist zu viel.
Ach komm mein GOtt / und löse
  Mein Hertz / wann dein Hertz wil:
Komm / mach' ein seligs Ende
  An meiner Wanderschafft /
Und was mich kränckt / das wende
  Durch deinen Arm und Krafft.

12.

Wo ich bißher gesessen /
  Ist nicht mein rechtes Hauß;
Wann mein Ziel außgemessen
  So tret ich dann hinauß /
Und was ich hier gebrauchet
  Das leg' ich alles ab;
Und wann ich außgehauchet /
  So scharrt man mich ins Grab.

13.

Du aber / meine Freude /
  Du meines Lebens Liecht /
Du zeuchst mich / wann ich scheide /
  Hin vor dein Angesicht /
Ins Hauß der ewgen Wonne /
  Da ich stets Freuden voll
Gleich als die helle Sonne /
  Nebst andern / leuchten soll.

14.
Da wil ich immer wohnen /
Und nicht nur als ein Gast /
Bey denen / die mit Kronen
Du außgeschmücket hast:
Da wil ich herrlich singen
Von deinem grossen Thun /
Und frey von schnöden Dingen
In meinem Erbtheil ruhn.

[18] Trost-Gesang in Schwermuth und Anfechtung

1.
SChwing dich auff zu deinem GOTT /
Du betrübte Seele;
Warumb ligst du GOtt zum Spott
In der Schwermuths-Höle?
Merckst du nicht des Satans List?
Er wil durch sein Kämpffen
Deinen Trost / den JEsus CHrist
dir erworben / dämpffen.

2.
Schüttle deinen Kopff / und sprich:
Fleuch du alte Schlange:
Was erneurst du deinen Stich /
Machst mir angst und bange?
Ist dir doch der Kopff zerknickt /
Und ich bin durchs Leyden
Meines Heylands dir entzückt
In den Saal der Freuden.

3.
Wirffst du mir mein Sündgen für /
Wo hat GOtt befohlen /
Daß mein Urtheil über mir
Ich bey dir soll holen?
Wer hat dir die Macht geschenckt
Andre zu verdammen?
Der du selbst doch ligst versenckt
In der Höllen-Flammen.

4.
Hab' ich / was nicht recht / gethan /
Ist mirs leyd von Hertzen:
Da hingegen nehm ich an
Christi Blut und Schmertzen;
Dann das ist die Rantzion
Meiner Missethaten /
Bring' ich diß vor GOttes Trohn /
Ist mir wol gerahten.

5.
CHristi Unschuld ist mein Ruhm /
Sein Recht meine Krone;
Sein Verdienst mein Eigenthum /
Da ich frey in wohne /
Als in einem festen Schloß /
Das kein Feind kan fällen /
Brächt er gleich davor Geschoß
Und Gewalt der Höllen.

6.

Stürme Teuffel / und du Tod /
Was könt ihr mir schaden?
Deckt mich doch in meiner Noht
GOtt mit seiner Gnaden:
Der GOtt / der mir seinen Sohn
Selbst verehrt auß Liebe /
Daß der ewge Spott und Hohn
Mich nicht dort betrübe.

7.

Schreye tolle Welt / Es sey
Mir GOtt nicht gewogen:
Es ist lauter Teuscherey /
Und im Grund erlogen.
Wäre mir GOtt gram und feind /
Würd' er seine Gaben /
Die mein eigen worden seynd /
Wol behalten haben.

8.

Dann was ist im Himmels-Zelt /
Was im tieffen Meere?
Was ist gutes in der Welt
Das nicht mir gut wäre?
Weme brennt das Sternen-Liecht?
Worzu ist gegeben
Lufft und Wasser? Dient es nicht
Mir und meinem Leben?

9.
Weme wird das Erdreich naß
  Von dem Thau und Regen?
Weme grünet Laub und Graß?
  Weme füllt der Segen
Berg' und Thale / Feld und Wald?
  Warlich / mir zur Freude /
Daß ich meinen Auffenthalt
  Hab' / und Leibes-Weyde.

10.
Meine Seele lebt in mir
  Durch die süssen Lehren /
So die Christen mit Begier
  Alle Tage hören.
GOtt eröffnet früh und spat
  Meinen Geist und Sinnen /
Daß sie seines Geistes Gnad
  In sich ziehen können.

11.
Was sind der Propheten Wort /
  Und Apostel Schreiben /
Als ein Liecht am danckeln Ort?
  Fackeln / die vertreiben
Meines Hertzens Finsterniß;
  Und in Glaubens-sachen
Das Gewissen fein gewiß
  Und recht Grund-fest machen.

12.
Nun auff diesen heilgen Grund
Bau ich mein Gemüthe:
Sehe / wie der Höllen-Hund
Zwar darwider wüte:
Gleich wol muß er lassen stehn
Was GOtt auffgerichtet;
Aber schändlich muß vergehn
Was er selber dichtet.

13.
Ich bin GOttes: GOtt ist mein:
Wer ist / der uns scheide?
Dringt das liebe Creutz herein
Mit dem bittern Leyde.
Laß es dringen: Kommt es doch
Von geliebten Händen:
Bricht und kriegt geschwind ein Loch /
Wann es GOtt wil wenden.

14.
Kinder / die der Vater soll
Ziehn zu allem guten /
Die gedeyen selten wol
Ohne Zucht und Ruthen.
Bin ich dann nun GOttes Kind /
Warumb wil ich fliehen /
Wann er mich von meiner Sünd
Auff was guts wil ziehen.

15.
Es ist hertzlich gut gemeint
Mit der Christen Plagen:
Wer hier zeitlich wohl geweint
Darf nicht ewig klagen;
Sondern hat vollkommne Lust
Dort in Christi Garten /
Dem er einig recht bewust /
Endlich zu gewarten.

16.
GOttes Kinder säen zwar
Traurig und mit Trähnen:
Aber endlich bringt das Jahr
Wornach sie sich sehnen;
Dann es kommt die Erndten Zeit /
Da sie Garben machen:
Da wird all ihr Gram und Leyd
Lauter Freud und Lachen.

17.
Ey so faß / O Christen-Hertz /
Alle deine Schmertzen /
Wirff sie frölich hinterwerts:
Laß des Trostes Kertzen
Dich entzünden mehr und mehr:
Gib dem grossen Namen
Deines GOttes Preiß und Ehr:
Er wird helffen. Amen.

[25] Morgen-Segen

1.
DIe güldne Sonne / Voll Freud' und Wonne /
Bringt unsern Grentzen Mit ihrem Gläntzen
Ein hertz-erquickendes liebliches Liecht.
Mein Häupt und Glieder die lagen darnieder /
Aber nun steh ich / Bin munter und frölich /
Schaue den Himmel mit meinem Gesicht.

2.
Mein Auge schauet Was GOtt gebauet
Zu seinen Ehren / Und uns zu lehren
Wie sein Vermögen sey mächtig und groß /
Und wo die Frommen Dann sollen hinkommen /
Wann sie mit Frieden Von hinnen geschieden
Auß dieser Erden vergänglichen Schooß.

3.
Lasset uns singen / Dem Schöpffer bringen
Güther und Gaben / Was wir nur haben /
Alles sey GOtte zum Opffer gesetzt.
Die besten Güther Sind unsre Gemüther /
Danckbare Lieder Sind Weyrauch und Widder
An welchen ER sich am meisten ergetzt.

4.
Abend und Morgen Sind seine Sorgen /
Segnen und mehren / Unglück verwehren
Sind seine Wercke und Thaten allein.
Wann wir uns legen / So ist er zugegen;
Wann wir auffstehen So läst Er auffgehen
Uber uns seiner Barmhertzigkeit Schein.

5.
Ich hab' erhoben   Zu dir hoch droben
All meine Sinnen: Laß mein Beginnen
Ohn allen Anstoß / und glücklich ergehn.
Laster und Schande /   Des Lucifers Bande /
Fallen und Tücke   Treib ferne zu rücke:
Laß mich auff deinen Geboten bestehn.

6.
Laß mich mit Freuden   Ohn alles Neiden /
Sehen den Segen /   Den du wirst legen
In meines Bruders und Nähesten Hauß.
Geitziges Brennen /   Unchristliches Rennen
Nach Guth mit Sünde /   Das tilge geschwinde
Von meinem Hertzen / und wirff es hinauß.

7.
Menschliches Wesen /   Was ists gewesen?
In einer Stunde   Geht es zu Grunde
So bald das Lüfftlein des Todes drein bläst:
Alles in allem   Muß brechen und fallen:
Himmel und Erden   Die müssen das werden
Was sie vor ihrer Erschöpffung gewest.

8.
Alles vergehet /   GOtt aber stehet
Ohn alles Wancken: Seine Gedancken /
Sein Wort und Willen hat ewigen Grund:
Sein Heyl und Gnaden   Die nehmen nicht schaden /
Heilen im Hertzen   Die tödlichen Schmertzen /
Halten uns zeitlich und ewig gesund.

9.

GOtt meine Krone / Vergib und schone /
Laß meine Schulden In Gnad und Hulden
Auß deinen Augen seyn abegewandt.
Sonsten regiere Mich lencke und führe
Wie dirs gefället: Ich habe gestellet
Alles in deine Beliebung und Hand.

10.

Wilt du mir geben Wormit mein Leben
Ich kan ernähren: So laß mich hören
Allzeit im Hertzen diß heilige Wort:
GOtt ist das Gröste / Das Schönste und beste /
GOtt ist das Süßte Und Allergewißte
Auß allen Schätzen: Der edleste Hort.

11.

Wilt du mich krancken / Mit Gallen trancken
Und sol von Plagen Ich auch was tragen:
Wolan / so mach es wie dir es beliebt.
Was gut und tüchtig / Was schädlich und nichtig
Meinem Gebeine / Das weist du alleine /
Hast niemals keinen zu sehre betrübt.

12.

Creutz und Elende Das nimmt ein Ende;
Nach Meeres-Brausen Und Windes-Sausen
Leuchtet der Sonnen gewünschtes Gesicht
Freude die Fülle / Und selige Stille
Hab ich zu warten Im himmlischen Garten
Dahin sind meine Gedancken gericht.

[26] Abend-Segen

1.
DEr Tag mit seinem Liechte
Fleucht hin / und wird zu nichte:
Die Nacht kömmt angegangen
Mit Ruhe zu empfangen
  Den matten Erden-Kreiß.
Der Tag der ist geendet:
Mein Hertz zu dir sich wendet /
Der Tag und Nacht geschaffen
Zum wachen und zum schlaffen /
  Wil singen deinen Preiß.

2.
Wol auff / wol auff mein Psalter /
Erhebe den Erhalter /
Der mir an Leib und Seelen
Vielmehr als ich kan zehlen
  Hat heute guts gethan.
All Augenblick und Stunden
Hat sich gar viel gefunden
Wormit Er sein Gemüthe
Und unerschöpffte Güte
  Mir klar gezeiget an.

3.
Gleich wie des Hirtens Freude /
Ein Schäfflein an der Weyde
Sich unter seiner Treue
Ohn alle Furcht und Scheue

Ergetzet in dem Feld' /
Und sich mit Blumen füllet /
Den Durst mit Quellen stillet:
So hat mich heut geführet /
Mit manchem Guth geziehret
Der Hirt in aller Welt.

4.
GOTT hat mich nicht verlassen:
Ich aber hab' ohn Massen
Mich nicht gescheut mit Sünden
Und Unrecht zu entzünden
Das treue Vater-Hertz.
Ach Vater! laß nicht brennen
Den Eyfer / noch mich trennen
Von deiner Hand und Seiten:
Mein Thun und Uberschreiten
Erweckt mir Reu und Schmertz.

5.
Erhöre HErr / mein Bethen /
Und laß mein Ubertreten
Zur Rechten und zur Lincken
Ins Meeres Tieffe sincken /
Und ewig untergehn:
Laß aber / laß hergegen
Sich deine Engel legen
Umb mich mit ihren Waffen
Mit dir wil ich entschlaffen /
Mit dir auch aufferstehn.

6.
Darauff so laß ich nieder
Mein Häupt und Augen-Lieder /
Wil ruhen ohne Sorgen /
Bis daß der güldne Morgen
  Mich wieder munter macht.
Dein Flügel wird mich decken /
So wird mich nicht erschrecken
Der Feind mit tausend Listen /
Der mich und alle Christen
  Verfolget Tag und Nacht.

7.
Ich lieg hier oder stehe /
Ich sitz auch oder gehe /
So bleib ich dir ergeben /
Und du bist auch mein Leben /
  Das ist ein wahres Wort.
Was ich beginn und mache /
Ich schlaff ein oder wache
Wohn ich als wie im Schlosse
In deinem Arm und Schosse:
  Bin selig hier und dort.

[27] Der 145. Psalm Davids

1.
ICH / der ich offt in tieffes Leyd
  Und grosse Noht muß gehen /
Wil dannoch Gott mit grosser Freud
  Und Hertzens-Lust erhöhen.

Mein GOtt / du König / höre mich /
Ich wil ohn alles Ende dich
 Und deinen Namen loben.

2.

Ich wil dir mit der Morgen-Röht
 Ein täglich Opffer bringen:
So offt die liebe Sonn auffgeht
 So offte wil ich singen
Dem grossen Namen deiner Macht /
Das sol auch in der späten Nacht
 Mein Werck seyn und Geschäffte.

3.

Die Welt die deucht uns schön und groß:
 Und was für Guth und Gaben
Sie trägt in ihrem Arm und Schooß
 Das wil ein jeder haben:
Und ist doch alles lauter nichts:
Eh als mans recht geneust / zerbrichts /
 Und geht im Huy zu Grunde.

4.

GOTT ist alleine groß und schön /
 Unmüglich außzuloben
Auch denen / die doch allzeit stehn
 Vor seinem Trohne droben.
Laß sprechen wer nur sprechen kan /
Doch wird kein Engel noch kein Mann
 Des höchsten Größ außsprechen.

5.
Die Alten / die nun nicht mehr sind /
Die haben ihn gepreiset:
So hat ein jeder auch sein Kind
Zu solchem Dienst geweiset:
Die Kinder werden auch nicht ruhn /
Und werden doch / O GOtt / dein Thun
Und Werck nicht gantz außpreisen.

6.
Wie mancher hat vor mir dein Heyl
Und Lob mit Fleiß getrieben /
Und sihe / mir ist doch mein Theil
Zu loben übrig blieben.
Ich wil von deiner Wunder-Macht
Und der so herrlich-schönen Pracht
Bis an mein Ende reden.

7.
Und was ich rede / wird von mir
Manch frommes Hertze lernen /
Man wird dich heben für und für
Hoch über alle Sternen.
Dein Herrlichkeit und starcke Hand
Wird in der gantzen Welt bekant
Und hoch beruffen werden.

8.
Wer ist so gnädig als wie du?
Wer kan so viel erdulden?
Wer siht mit solcher Langmuth zu
So vielen schweren Schulden /

Die auß der gantzen weiten Welt
Ohn Unterlaß bis an das Zelt
Des hohen Himmels steigen.

9.
Es muß ein treues Hertze seyn
Das uns so hoch kan lieben /
Da wir doch in den Tag hinein
Was gar nicht gut ist / üben.
GOtt muß nichts anders seyn als gut:
Daher fleust seiner Güte Fluth
Auff alle seine Wercke.

10.
Drumb HErr / so sollen dir auch nun
All deine Wercke dancken /
Vorauß die Heilgen / deren Thun
Sich hält in deinen Schrancken /
Die sollen deines Reichs-Gewalt
Und schöne Regiments-Gestalt
Mit vollem Munde rühmen.

11.
Sie sollen rühmen / daß der Ruhm
Durch alle Welt erklinge:
Daß jedermann zum Heiligthum
Dir Dienst und Opffer bringe.
Dein Reich das ist ein ewges Reich:
Dein Herrschafft ist dir selber gleich /
Der du kein End erreichest.

12.
Der HErr ist bis in unsern Tod
Beständig bey uns allen:
Erleichtert unsers Creutzes Noht /
Und hält uns wann wir fallen
Er steuret manches Unglücks-Lauff /
Und hilfft uns wieder freundlich auff /
Wann wir gantz hingeschlagen.

13.
HErr / aller Augen sind nach dir
Und deinen Stuel gekehret:
Dann du bists auch / der alles hier
So väterlich ernähret:
Du thust auff deine milde Hand /
Machst froh und satt was auf dem Land /
Im Meer / und Lüfften lebet.

14.
Du meinst es gut / und thust uns guts /
Auch da wirs offt nicht dencken:
Wie mancher ist betrübtes Muths /
Und frist sein Hertz mit Kräncken:
Besorgt und fürcht sich Tag und Nacht /
GOtt hab' ihn gäntzlich auß der Acht
Gelassen und vergessen.

15.
Nein! GOtt vergist der Seinen nicht:
Er ist uns viel zu treue:
Sein Hertz ist stets dahin gericht /
Daß er uns letzt erfreue.

Gehts gleich bisweilen etwas schlecht /
Ist Er doch heilig und gerecht
In allen seinen Wegen.

16.
Der HErr ist nah' und stets bereit
Eim jeden / der Ihn ehret
Und wer nur ernstlich zu Ihm schreyt /
Der wird gewiß erhöret:
GOtt weiß wol wer ihm günstig sey /
Und deme steht er dann auch bey
Wann Ihn die Angst nun treibet.

17.
Den Frommen wirt nichts abgesagt /
GOtt thut was sie begehren:
Er misst das Unglück das sie plagt /
Und zehlt all ihre Zähren /
Und reist sie endlich auß der Last:
Den aber der sie kränckt und hasst /
Den stürtzt er gantz zu Boden.

18.
Diß alles / und was sonsten mehr
Man kan für Lob erzwingen /
Das solt mein Mund zum Ruhm und Ehr
Des Höchsten täglich singen:
Und also thut auch immerfort
Was webt und lebt an jedem Ort.
Das wird GOtt Wolgefallen.

[30] Umb Glück und Segen zu allem Christlichen Thun und Vorhaben

1.

ICh weis / mein Gott / daß all' mein Thun
Und Werck' auf deinen Willen ruhn /
Von dir kömmt Glück und Segen:
Was du regierst / das geht und steht
Auff rechten guten Wegen.

2.

Es steht in keines Menschen Macht /
Daß sein Raht werd' ins Werck gebracht /
Und seines Gangs sich freue:
Des Höchsten Raht der machts allein
Daß Menschen Raht gedeye.

3.

Offt denckt der Mensch in seinem Muth /
Diß oder jenes sey ihm gut /
Und ist doch weit gefehlet:
Offt siht er auch für schädlich an /
Was doch GOtt selbst erwählet.

4.

So fängt auch offt ein weiser Mann
Ein gutes Werck zwar frölich an /
Und bringts doch nicht zum Stande.
Er baut ein Schloß und festes Hauß /
Doch nur auff lauterm Sande.

5.
Wie mancher ist in seinem Sinn
Fast über Berg und Spitzen hin /
  Und eh' er sichs versiehet /
So liegt er da: und hat sein Fuß
  Vergeblich sich bemühet.

6.
Drumb lieber Vater / der du Kron'
Und Zepter trägst im Himmels Trohn /
  Und auß den Wolcken blitzest /
Vernim mein Wort / und höre mich
  Vom Stuele / da du sitzest.

7.
Verleyhe mir das edle Liecht /
Das sich von deinem Angesicht
  In fromme Seelen strecket /
Und da der rechten Weißheit Krafft
  Durch deine Krafft erwecket.

8.
Gib mir Verstand auß deiner Höh' /
Auff daß ich ja nicht ruh und steh
  Auff meinen eignen Willen:
Sey du mein Freund und treuer Raht /
  Was gut ist / zu erfüllen.

9.
Prüf' alles wol: und was mir gut /
Das gib mir ein: was Fleisch und Blut
  Erwählet / das verwehre:
Der höchste Zweck / das beste Theil
  Sey deine Lieb' und Ehre.

10.
Was dir gefällt / das laß auch mir /
O meiner Seelen Sonn' und Zier /
  Gefallen und belieben:
Was dir zu wieder / laß mich nicht
  Im Werck und That verüben.

11.
Ists Werck von dir / so hilff zu Glück /
Ists Menschen-Thun / so treibs zu rück /
  Und endre meine Sinnen:
Was du nicht würckst / pflegt von ihm selbst
  In kurtzem zu zerrinnen.

12.
Solt aber dein und unser Feind
An dem / was dein Hertz gut gemeint /
  Beginnen sich zu rächen /
Ist das mein Trost / daß seinen Zorn
  Du leichtlich könnest brechen.

13.
Trit du zu mir / und mache leicht
Was mir sonst fast unmüglich däucht /
Und bring' zum guten Ende /
Was du selbst angefangen hast
Durch Weißheit deiner Hände.

14.
Ist gleich der Anfang etwas schwer /
Und muß ich auch ins tieffe Meer
Der bittren Sorgen treten /
So treib mich nur ohn Unterlaß
Zu seufftzen und zu bethen.

15.
Wer fleissig bethet / und dir traut /
Wird alles / da ihm sonst vor-graut /
Mit tapffrem Muth bezwingen:
Sein Sorgen-Stein wird in der Eil
In tausend stücken springen.

16.
Der Weg zum guten ist fast wild /
Mit Dorn und Hecken außgefüllt:
Doch wer ihn freudig gehet /
Kömmt endlich / HErr / durch deinen Geist
Wo Freud' und Wonne stehet.

17.
Du bist mein Vater / ich dein Kind:
Was ich bey mir nicht hab' und find
Hast du zu aller Gnüge:
So hilff nun daß ich meinen Stand
Wol halt' / und herrlich siege.

18.
Dein sol seyn aller Ruhm und Ehr:
Ich wil dein Thun je mehr und mehr
Auß hocherfreuter Seelen
Vor deinem Volck und aller Welt /
So lang' ich leb' / erzehlen.

[31] Befiehl dem HErren deine Wege und hoffe auff ihn / er wirds wol machen

1.
BEfiehl du deine Wege /
Und was dein Hertze kränckt /
Der allertreusten Pflege
Deß / der den Himmel lenckt:
Der Wolcken / Lufft und Winden
Gibt Wege / Lauff und Bahn /
Der wird auch Wege finden /
Da dein Fuß gehen kan.

2.
DEM HERREN must du trauen
Wann dirs sol wolergehn /
Auff sein Werck must du schauen
Wann dein Werck sol bestehn.
Mit Sorgen und mit Grämen /
Und mit selbst eigner Pein
Läst GOtt ihm gar nichts nehmen /
Es muß erbethen seyn.

3.
DEIN ewge Treu und Gnade /
O Vater / weiß und siht
Was gut sey oder schade
Dem sterblichen Geblüt:
Und was du dann erlesen /
Das treibst du starcker Held /
Und bringst zum Stand und Wesen
Was deinem Raht gefällt.

4.
WEG hast du allerwegen /
An Mitteln fehlt dirs nicht.
Dein Thun ist lauter Segen /
Dein Gang ist lauter Liecht:
Dein Werck kan niemand hindern /
Dein Arbeit darff nicht ruhn /
Wann du / was deinen Kindern
Ersprießlich ist / wilst thun.

5.
UND ob gleich alle Teuffel
  Hier wolten wiederstehn /
So wird doch ohne Zweiffel
  GOtt nicht zu rücke gehn:
Was Er Ihm vorgenommen /
  Und was Er haben wil
Das muß doch endlich kommen
  Zu seinem Zweck und Ziehl.

6.
HOFF' / O du arme Seele /
  Hoff' / und sey unverzagt.
GOtt wird dich auß der Höle /
  Da dich der Kummer jagt /
Mit grossen Gnaden rücken:
  Erwarte nur der Zeit;
So wirst du schon erblicken
  Die Sonn der schönsten Freud'.

7.
AUF! auff! gib deinem Schmertze
  Und Sorgen gute Nacht:
Laß fahren was dein Hertze
  Betrübt und traurig macht.
Bist du doch nicht Regente
  Der alles führen solt:
GOtt sitzt im Regimente /
  Und führet alles wol.

8.
IHN / Ihn laß thun und walten:
Er ist ein weiser Fürst /
Und wird sich so verhalten /
Daß du dich wundern wirst /
Wann Er / wie Ihm gebühret /
Mit wunderbahrem Raht
Die Sach hinauß geführet /
Die dich bekümmert hat.

9.
ER wird zwar eine Weile
Mit seinem Trost verziehn /
Und thun an seinem Theile
Als hätt' in seinem Sinn
Er deiner sich begeben /
Und soltst du für und für
In Angst und Nöhten schweben
Fragt Er doch nichts nach dir.

10.
WIRDS aber sich befinden
Daß du Ihm treu verbleibst /
So wird Er dich entbinden
Da dus am wengsten gläubst:
Er wird dein Hertze lösen
Von der so schweren Last /
Die du zu keinem bösen
Bißher getragen hast.

11.

WOL dir / du Kind der Treue /
Du hast und trägst darvon
Mit Ruhm und Danck-Geschreye
Den Sieg und Ehren-Kron.
GOtt gibt dir selbst die Palmen
In deine rechte Hand /
Und du singst Freuden-Psalmen
Dem / der dein Leyd gewandt.

12.

MACH' ENd' / O HErr / mach' Ende
An aller unsrer Noht:
Stärck unsre Füß und Hände /
Und laß bis in dem Tod
Uns allzeit deiner Pflege
Und Treu empfohlen seyn /
So gehen unsre Wege
Gewiß zum Himmel ein.

[32] Gedult ist euch von nöhten. Auß dem 10. Cap. der Epistel an die Hebreer. v. 35.36.37

1.

GEdult ist euch von nöhten /
Wann Sorge / Gram und Leyd
Und was euch mehr wil tödten
Euch in das Hertze schneid /
O außerwählte Zahl!
Sol euch kein Tod nicht tödten /
Ist euch Gedult von nöhten:
Das sag' ich noch einmal.

2.
Gedult ist Fleisch und Blute /
Ein herb' und bittres Kraut:
Wann unsers Creutzes Ruthe
Uns nur ein wenig draut /
Erschrickt der zarte Sinn:
Im Glück ist er verwegen /
Kömmt aber Sturm und Regen /
Fällt Hertz und Muth dahin.

3.
Gedult ist schwer zu leyden /
Dieweil wir irdisch seynd /
Und stets in lautern Freuden
Bey GOtt zu seyn vermeynt /
Der doch sich klar erklärt:
Ich straffe die ich liebe /
Und die ich hoch betrübe
Die halt ich hoch und werth.

4.
Gedult ist GOttes Gabe /
Und seines Geistes Guth /
Der zeucht und löst uns abe
So bald Er in uns ruht /
Der edle werthe Gast /
Er löst uns von dem Zagen /
Und hilfft uns treulich tragen
Die grosse Bürd' und Last.

5.
Gedult kömmt auß dem Glauben /
Und hängt an GOttes Wort:
Das läst sie ihr nicht rauben /
Das ist ihr Heyl und Hort:
Das ist ihr hoher Wall /
Da hält sie sich verborgen /
Läst GOtt den Vater sorgen /
Und fürchtet keinen Fall.

6.
Gedult setzt ihr Vertrauen
Auff CHristi Tod und Schmertz:
Macht Satan ihr ein Grauen /
So fasst sie hier ein Hertz /
Und spricht: Zürn immer hin!
Du wirst mich doch nicht fressen:
Ich bin zu hoch gesessen /
Weil ich in Christo bin.

7.
Gedult ist wol zu frieden
Mit GOttes weisen Raht:
Läst sich nicht leicht ermüden
Durch Auffschub seiner Gnad:
Hält frisch und frolich aus /
Läst sich getrost beschwehren /
Und denckt: Wer wils Ihm wehren /
Ist ER doch HErr im Hauß.

8.
Gedult kan lange warten:
  Vertreibt die lange Weil
In GOttes schönen Garten:
  Durchsucht zu ihrem Heyl
Den Paradiß der Schrifft:
  Und schützt sich früh und späte
  Mit eyfrigem Gebethe
Für Satans List und Gifft.

9.
Gedult thut GOttes Willen /
  Erfüllet sein Gebot /
Und weis sich fein zu stillen
  In aller Feinde Spott:
Es lache wems beliebt /
  Wird sie doch nicht zu Schanden:
  Es ist bey ihr verhanden
Ein Hertz / das nichts drauff gibt.

10.
Gedult dient GOtt zu ehren /
  Und läst sich nimmermehr
Von seiner Liebe kehren /
  Und schlüg Er noch so sehr /
So ist sie doch bedacht
  Sein heilge Hand zu loben.
  Spricht: GOtt / der hoch erhoben /
Hat alles wol gemacht.

11.
Gedult erhält das Leben /
  Vermehrt der Jahre Zahl /
Vertreibt und dämpfft darneben
  Manch Angst und Hertzens-Qual.
Ist wie ein schönes Liecht /
  Darvon / wer an ihr hanget /
  Mit GOttes Hülff erlanget
Ein frölichs Angesicht.

12.
Gedult macht grosse Freude /
  Bringt auß dem Himmels-Trohn
Ein schönes Halß-Geschmeide /
  Dem Häupt ein edle Kron
Und königlichen Hut.
  Stillt die betrübten Trähnen /
  Und füllt das heisse Sehnen
Mit rechtem guten Guth.

13.
Gedult ist mein Verlangen
  Und meines Hertzens Lust /
Nach der ich offt gegangen.
  Das ist dir wol bewust.
HERR voller Gnad und Huld!
  Ach gib mir / und gewehre
  Mein Bitten: Ich begehre
Nichts anders als Gedult.

14.
Gedult ist meine Bitte /
Die ich sehr offt und viel
Auß dieser Leibes Hütte
Zu dir / HErr / schicken wil.
Kommt dann der letzte Zug /
So gib durch deine Hände
Auch ein gedultigs Ende /
So hab' ich alle gnug.

[36] Sorg und sorg auch nicht zu viel /
Es geschicht doch was GOtt haben wil

1.
DU bist ein Mensch / das weist du wol /
Was strebst du dann nach Dingen
Die GOTT der Höchst alleine soll
Und kan zu Wege bringen.
Du fährst mit deinem Witz und Sinn
Durch so viel tausend Sorgen hin /
Und denckst: Wie wils auff Erden
Doch endlich mit mir werden.

2.
Es ist umbsonst: du wirst fürwar
Mit allem deinem Tichten
Auch nicht ein einges kleines Haar
In aller Welt außrichten /
Und dient dein Gram sonst nirgend zu /
Als daß du dich aus deiner Ruh
In Angst und Schmertzen stürtzest /
Und selbst das Leben kürtzest.

3.

Wilt du was thun / das GOtt gefällt
  Und dir zum Heyl gedeyet /
So wirff dein Sorgen auf den Held /
  Den Erd und Himmel scheuet:
Und gib dein Leben / Thun und stand
Nur frölich hin in GOttes Hand /
  So wird Er deinen Sachen
  Ein frölich Ende machen.

4.

Wer hat gesorgt / da deine Seel
  Im Anfang deiner Tage
Noch in der Mutter Leibes-Höl
  Und finsterm Kercker lage?
Wer hat allda dein Heyl bedacht?
Was that da aller Menschen Macht /
  Da Geist und Sinn und Leben
  Dir ward ins Hertz gegeben?

5.

Durch wessen Kunst steht dein Gebein
  In ordentlicher Fülle?
Wer gab den Augen Licht und Schein /
  Dem Leibe Haut und Hülle?
Wer zog die Adern hicr und dort
Ein jed' an ihre Stell und Ort?
  Wer setzte hin und wieder
  So viel und schöne Glieder?

6.

Wo war dein Will / Hertz und Verstand
  Da sich des Himmels Decken
Erstreckten über See und Land
  Und aller Erden Ecken?
Wer brachte Sonn und Mond herfür?
Wer machte Kräuter / Bäum und Thier' /
  Und hieß sie deinen Willen
  Und Hertzens-Lust erfüllen?

7.

Heb auff dein Häupt / schau überall
  Hier unten und dort oben /
Wie GOttes Sorg auff allem Fall
  Vor dir sich hat erhoben?
Dein Brodt / dein Wasser und dein Kleid
War eher noch / als du / bereit:
  Die Milch / die du erst nahmest /
  War auch schon / da du kamest.

8.

Die Windeln / die dich allgemach
  Umbfiengen in der Wiegen /
Dein Bettlein / Kammer / Stub' und Dach /
  Und wo du soltest liegen /
Das war ja alles zugericht
Eh' als dein Aug' und Angesicht
  Eröffnet wurd / und sahe
  Was in der Welt geschahe.

9.
Noch dannoch sol dein Angesicht
  Dein gantzes Leben führen:
Du traust und glaubest weiter nicht
  Als was die Augen spüren:
Was du beginst / da sol allein
Dein Kopff / dein Liecht und Meister seyn /
  Was der nicht außerkohren
  Das hältst du als verlohren.

10.
Nun sihe doch wie viel und offt
  Ist schändlich umbgeschlagen
Was du gewiß und fest gehofft
  Mit Händen zu erjagen:
Hingegen wie so manches mal
Ist das geschehn / daß überall
  Kein Mensch / kein Raht / kein sinnen
  Ihm hätt' ersinnen können.

11.
Wie offt bist du in grosse Noht
  Durch eignen Willen kommen /
Da dein verblendter Sinn den Tod
  Fürs Leben angenommen:
Und hätte GOTT dein Werck und That
Ergehen lassen nach dem Raht
  In dem dus angefangen /
  Du wärst zu Grunde gangen.

12.

Der aber der uns ewig liebt /
Macht gut was wir verwirren:
Erfreut / wo wir uns selbst betrübt /
Und führt uns wo wir irren.
Und darzu treibt Ihn sein Gemüth /
Und die so reine Vater-Güth' /
In der uns armen Sünder
Er tröst als liebe Kinder.

13.

Ach! wie so offtmals schweigt Er still /
Und thut doch was uns nützet:
Da unterdessen unser Will
Und Hertz in Ängsten sitzet:
Sucht hier und dar / und findet nichts /
Wil sehn / und mangelt doch des Liechts:
Wil auß der Angst sich winden /
Und kan den Weg nicht finden.

14.

GOtt aber geht gerade fort
Auff seinen weisen Wegen /
Er geht / und bringt uns an den Port
Da Sturm und Wind sich legen:
Hernachmals wann das Werck geschehn
Da kan der Mensch alsdann erst sehn
Was der / so ihn regieret /
In seinem Raht geführet.

15.
Drumb liebes Hertz sey wolgemuth /
Und laß von Sorg' und Grämen /
GOTT hat ein Hertz das nimmer ruht
Dein bestes vorzunehmen:
ER kans nicht lassen / glaube mir /
Sein Eingeweid ist gegen dir
Und uns hier allzusammen
Voll allzusüsser Flammen.

16.
Er hitzt und brennt von Gnad' und Treu /
Und also kanst du dencken
Wie seinem Muth zu muthe sey /
Wann wir uns offtmals kräncken
Mit so vergebner Sorgen-Bürd' /
Als ob ER uns nun gäntzlich würd'
Auß lautrem Zorn und Hassen
Gantz hülff- und trostloß lassen.

17.
Das schlag' hinweg / und laß dich nicht
so liederlich bethören:
Ob gleich nicht allzeit das geschicht
Was Freude kan vermehren:
So wird doch warlich das geschehn
Was GOtt dein Vater außersehn:
Was ER dir zu wil kehren
Das wird kein Mensche wehren.

18.

Thu als ein Kind / und lege dich
In deines Vaters Arme:
Bitt Ihn und flehe / bis ER sich
Dein / wie ER pflegt / erbarme /
So wird er dich durch seinen Geist
Auff Wegen / die du itzt nicht weist /
Nach wolgehaltnem Ringen
Auß allen Sorgen bringen.

[38] Trost-Gesang Christlicher Eheleute

1.

WIe schön ists doch Herr Jesu Christ
Im Stande / da dein Segen ist /
im Stande heilger Ehe
Wie steigt und neigt sich deine Gab
Und alles Gut so mild herab
aus deiner heilgen Höhe.
Wann sich an dich
fleißig halten Jung und Alten / die im Orden
eines Lebens einig worden.

2.

Wenn Mann und Weib sich wol begehn /
Und unverrückt beysammen stehn /
Im Bande reiner Treue.
Da geht das Glück in vollem Lauff /
Da sieht man wie der Engel hauff
Im Himmel selbst sich freue.
Kein Sturm Kein Wurm /

Kan zerschlagen / kan zernagen was Gott giebet
Dem Paar / das in ihm sich liebet.

3.
Vor allen giebt er seine Gnad'
In derer Schooß er früh und spaat
Sein Hochgeliebten heget.
Da spannt sein Arm sich täglich aus /
Da faßt er uns und unser Haus
Gleich als ein Vater pfleget.
Da muß / ein Fuß
Nach dem andern / gehn und wandern / bis sie kommen
In das Zelt und Sitz der Frommen.

4.
Der Mann wird einem Baume gleich /
An Ästen schön / an Zweigen reich:
Das Weib gleich einem Reben /
Der seine Träublein trägt und nährt
Und sich je mehr und mehr vermehrt /
Mit Früchten die da leben.
Wol dir / o Zier /
Mannes-Sonne Hauses-Wonne / Ehren-Krone!
Gott denckt dein bey seinem Throne.

5.
Dich / dich hat er ihm außerkohrn /
Daß aus dir ward heraus gebohrn /
Das Volck / das sein Reich bauet /
Sein Wunderwerck geht immerfort /
Und seines Mundes starckes Wort

Macht / daß dein Auge schauet
Schöne Söhne
Und die Tocken / die den Wocken abespinnen /
Und mit Kunst die Zeit gewinnen.

6.
Sey gutes Muths! wier sind es nicht
Die diesen Orden auffgericht /
Es ist ein höhrer Vater.
Der hat uns je und je geliebt /
Und bleibt / wenn unsre Sorg uns trübt
Der beste Freund und Rather.
Anfang Außgang /
Aller Sachen die zu machen wir gedencken
Wird er wol und Weißlich lencken.

7.
Zwar bleibts nicht aus es kommt ja wol
Ein Stündlein / da man Leides voll
Die Thränen lässet schiessen.
Je dennoch wer sich in Gedult
Ergiebt / das Leidt wird Gottes Huld
In grossen Freuden schliessen.
Sitze Schwitze
Nur ein wenig: Unser König wird behende
Machen das die Angst sich wende.

8.
Wol her / mein König / nah' herzu!
Gib Raht in Creutz: in Nöthen Ruh'
In Ängsten Trost und Freude.

Des solst du haben Ruhm und Preiß:
Wir wollen singen bester weiß
  Und dancken alle beyde.
    Bis wir bey dir
Deinen Willen zu erfüllen deinen Namen
Ewig loben werden Amen.

[39] Danck-Lied vor gute Leibes-Gesundheit

1.
WEr wol auf ist und gesund /
  Hebe sein Gemüthe
Und erhöhe seinen Mund
  Zu des höchsten Güte
Last uns Dancken Tag und Nacht
  Mit gesunden Liedern
Unsern Gott der Uns bedacht
  Mit gesunden Gliedern.

2.
Ein gesundes frisches Bluth
  Hat ein frölichs Leben:
Gibt uns Gott diß einge Gut /
  Ist uns gnug gegeben.
Hier in dieser armen Welt:
  Da die schönsten Gaben
Und des güldnen Himmels-Zelt
  Wir noch künfftig haben.

3.
Wär' ich gleich wie *Cräsus* reich /
Hätte Baarschafft ligen:
Wär' ich Alexandern gleich
An Triumph und Siegen.
Müste gleichwol siech und schwach /
Pfül und Betten drücken /
Würd' auch mich in Ungemach
All mein Gutt erquicken?

4.
Stünde gleich mein gantzer Tisch
Voller Lust und Freude /
Hätt' ich Wildpret / Wein und Fisch'
Und die gantze Weyde.
Die den Halß und Schmack ergätzt /
Worzu würd es nützen?
Wan ich dennoch auß-gesetzt
Müst in Schmertzen sitzen?

5.
Hätt' ich aller Ehren-Pracht /
Säß' im höchsten Stande /
Währ ich mächtig aller Macht
Und ein Herr im Lande.
Mein Leib aber hätte doch
Auff- und angenommen
Der betrübten Kranckheit Joch /
Was hätte ich vor frommen?

6.

Ich erwähl ein stücklein Brod
  Das mir wol gedeyet
Für des rothen Goldes Koth
  Da man Ach bey schreyet:
Schmeckt mir speiß und Malzeit wol
  Und darf mein nicht schonen /
Halt ich ein gerichtlein Kohl /
  Höher als Melonen.

7.

Sammt und Purpur hilft mir nicht
  Mein Elende tragen /
Wann mich Hauptweh / stein und Gicht
  Und die Schwindsucht plagen.
Lieber wil ich frölich gehn
  Im geringen Kleide
Als mit Leid und Aengsten stehn
  In der schönsten Seyde.

8.

Solt' ich Stum und Sprachloß seyn /
  Oder Lahm an Füssen /
Solt ich nicht des Tagesschein
  Sehen und geniessen:
Solt ich gehen spätt und früh
  Mit verschloßnen Ohren /
Würd' ich wündschen daß ich nie
  Wär' ein Mensch geboren.

9.

Lebt' ich ohne Rath und Witz /
Währ' im Haupt verirret /
Hätte meiner Seelen sitz /
Mein Hertz / sich verwirret /
Wäre mir mein Muth und Sinn
Niemals guter dinge /
Wär es besser / daß ich hin /
Wo ich her bin / gienge.

10.

Aber nun gebricht mir nichts
An erzehlten Stücken:
Ich erfreue mich des Lichts
Und der Sonnen blicken.
Mein Gesichte sieht sich umb /
Mein Gehöre höret /
Wie der Vöglein süsse Stimm
Ihren Schöpffer ehret.

11.

Händ und Füsse / Hertz und Geist /
Seynd bey guten Kräfften /
Alle mein' Vermögen fleußt
Und geht in geschäfften
Die mein Herrscher hat gestellt
Hier in meinem bleiben /
Also lang' es ihm gefällt /
In der Welt zu treiben.

12.

Ist es Tag / so mach und thu
  Ich / was mir gebühret /
Kommt die Nacht und süsse Ruh /
  Die zum Schlaffen führet.
Schlaff und ruh' ich unbewegt /
  Bis die Sonne wieder
Mit den hellen Stralen regt
  Meine Augenlieder.

13.

Habe Danck du milde Hand /
  Die du aus dem Trohne
Deines Himmels mir gesandt
  Diese schöne Krone /
Deiner Gnad' und grossen Huld
  Die ich all mein Tage
Niemals hab' umb dir verschuld /
  Und doch an mir trage.

14.

Gib / so lang ich bey mir hab
  Ein Lebendigs hauchen /
Daß ich solche theure Gab
  Auch wol möge brauchen.
Hilff das mein gesunder Mund
  Und erfreute Sinnen
Dir zu aller Zeit und Stund
  Alles liebs beginnen.

15.
Halte mich bey Stärck und Krafft /
Wenn ich nun Alt werde /
Bis mein Stündlein hin-mich-rafft /
In das Grab und Erde.
Gib mir meine Lebenszeit
Ohne sonderm Leide /
Und dort in der Ewigkeit
Die vollkommne Freude / Amen.

[42] Danck-Lied / vor einen Gnädigen Sonnenschein

1.
NUn ist der Regen hin!
Wol auf mein Hertz und Sinn
Sing nach betrübten Leiden
Gott deinem Herrn mit Freuden /
Gott hat sein Hertz gekehret
Und unser Bitt erhöret.

2.
Sein Zorn war sehr entbrannt
Auff uns und unser Land /
Er sprach: Ihr Menschen-Kinder
Geht / seyd und und bleibet Sünder /
Wolt' von der Boßheit Strassen
Euch gar nicht wenden lassen.

3.
Drumb sol mein Himmels-Licht
Sein klares Angesicht
In schwartze trübe Decken
Und dunckle Wolcken stecken /
Und vor das helle scheinen
Nur immer zu euch weinen.

4.
Bald aber fiel sein Grim
Durch unsers seuffzens Stim /
Das ewige Gemüthe
Dacht' an sein ewge Güte /
Und ließ auff unser schreyen
Ihm seinen Zorn gereuen.

5.
Die Wolcken flohen weg /
Der feuchten Winde Steg /
Daher die Wasser flossen /
Nahm ab und ward verschlossen /
Des hohen Himmels-Tieffen /
Die hörten auf zu trieffen.

6.
Steh' auf du mattes Feld
Aus deinem Trauer-Zelt /
Steh' auf und laß nun wieder
Die süssen Sommer-Lieder /
Zu deines Schöpffers Ehren /
Mit Lust und Freuden hören.

7.

Sieh hier der Sonnen-Zier
Geht wieder schön herfür /
Bringt nach dem Schlack und Regen
Den lieben warmen Segen /
Und wirckt auff Berg und Thalen
Mit wunderreichen Strahlen.

8.

Die Erde wird erquickt
Und was durch Näß erstickt /
Das wird nun wieder leben
Und reiffe Früchte geben:
Die Äcker gut Getreyde
Die Wiesen Graß und Weyde.

9.

Die Bäume werden schön
In ihrer Fülle stehn /
Die Berge werden fliessen /
Und Wein und Oele giessen.
Das Bienlein wird wol tragen
Bey stillen warmen Tagen.

10.

Davon wird unsern Theil
Das ewge Gut und Heyl
Uns allensampt zumessen:
Wir werdens sehn' und essen
Und mit dem Gut der Erden
Zur gnüg ersetget werden.

11.
Nun Gott ist from und treu /
Sein Huld ist immer neu /
Und läßt sich leicht versühnen /
Gibt / was wir nicht verdienen:
Läßt gnadig sich erfinden /
Und nicht nach unsern Sünden.

12.
Darumb so richte nun
O Mensch auch du dein Thun
Zu Gottes Lob und Liebe /
Daß dein Hertz nicht betrübe
Mit mehrerm Zorn und Schmertze
Das allerfrömste Hertze.

[43] Sommer-Gesang

1.
GEh aus mein Hertz und suche Freud /
In dieser lieben Sommerzeit
An deines Gottes Gaben:
Schau an der schönen Garten-Zier /
Und siehe wie sie mir und dir
Sich außgeschmücket haben.

2.
Die Bäume stehen voller Laub /
Das Erdreich decket seinen Staub /
Mit einem grünen Kleide:

Narcissus und die Tulipan
Die ziehen sich viel schöner an
Als Salomonis Seyde.

3.
Die Lerche schwingt sich in die Lufft /
Das Täublein fleucht aus seiner kluft
Und macht sich in die Wälder:
Die hochbegabte Nachtigall
Ergötzt und füllt mit ihrem Schall
Berg / Hügel / Thal und Felder.

4.
Die Glukke führt ihr Völcklein aus /
Der Storch baut und bewohnt sein Haus /
Das Schwälblein speißt ihr Jungen
Der schnelle Hirsch / das leichte Reh'
Ist froh und kommt aus seiner Höh
Ins tieffe Graß gesprungen.

5.
Die Bächlein rauschen in dem Sand
Und mahlen sich und ihren Rand
Mit schatten reichen Myrten:
Die Wiesen ligen hart dabey
Und klingen gantz von Lust-Geschrey
Der Schaff und ihrer Hirten.

6.
Die unverdroßne Bienenschaar
Zeucht hin und her / sucht hier und dar
  Ihr edle Honigspeise:
Des süssen Weinstocks starcker safft
Kriegt täglich neue stärck und krafft
  In seinem schwachen Reise.

7.
Der Weitzen wächset mit Gewalt
Darüber jauchtzet Jung und Alt /
  Und rühmt die grosse Güte
Deß / der so überflüßig labt'
Und mit so manchem Gut begabt
  Das Menschliche Gemüthe.

8.
Ich selbsten kan und mag nicht ruhn:
Des grossen Gottes grosses Thun
  Erweckt mir alle Sinnen:
Ich singe mit / wenn alles singt /
Und lasse was dem höchsten klingt
  Aus meinem Hertzen rinnen.

9.
Ach denck ich / bist du hier so schön /
Und läßst dus uns so lieblich gehn
  Auf dieser armen Erden:
Was wil doch wol nach dieser Welt
Dort in dem reichen Himmelszelt
  Und güldnem Schlosse werden?

10.

Welch hohe Lust / welch heller Schein
Wird wol in Christi Garten seyn?
Wie muß es da wol klingen /
Da so viel tausent Seraphim /
Mit eingestimmtem Mund und Stim
Ihr Alleluja singen.

11.

O wär ich da! o stünd ich schon /
Ach süsser Gott / für deinem Thron
Und trüge meine Palmen;
So wolt' ich nach der Engel Weis
Erhöhen deines Namens Preis
Mit tausend schönen Psalmen.

12.

Doch wil ich gleichwol / weil ich noch
Hier trage dieses Leibes-Joch /
Auch nicht gar stille schweigen:
Mein Hertze sol sich fort und fort /
An diesem und an allem Ort /
Zu deinem Lobe neigen.

13.

Hilf nur / und segne meinen Geist
Mit Segen / der von Himmel fleußt /
Daß ich dir stetig blühe:
Gib / daß der Sommer deiner Gnad'
In meiner Seelen früh und spat
Viel Glaubensfrücht erziehe.

14.
Mach in mir deinem Geiste Raum /
Daß ich dir werd' ein guter Baum /
Und laß mich wol bekleiben:
Verleihe / daß zu deinem Ruhm
Ich deines Gartens schöne Blum
Und Pflantze möge bleiben.

15.
Erwehle mich zum Paradeis /
Und laß mich bis zur letzten Reis
An Leib und Seele grünen:
So wil ich dir und deiner Ehr
Allein / und sonsten keinem mehr /
Hier und dort Ewig dienen.

[45] Christliche Ergebung In Gottes Willen

1.
Ich hab in Gottes Hertz und Sinn
Mein Hertz und Sinn ergeben
Was böse scheint / ist mir Gewinn /
Der Tod selbst ist mein Leben:
Ich bin ein Sohn Des / der den Thron
Des Himmels auffgezogen /
Ob er gleich schlägt / Und Creutz auflegt /
Bleibt doch sein Hertz gewogen.

2.

Das kan mir fehlen nimermehr /
  Mein Vater muß mich lieben:
Wann er gleich auch mich würff ins Meer /
  So wil er mich nur üben /
Und mein Gemüth   In seiner Güt
  Gewehnen vest zu stehen:
Halt ich den Stand /   Weiß seine Hand
  Mich wieder zu erhöhen.

3.

Ich bin ja von mir selber nicht
  Entsprungen noch formiret:
Mein Gott ists der mich zugericht /
  An Leib und Seel gezieret:
Der Seelen-Sitz   Mit Sinn und Witz /
  Den Leib mit Fleisch und Beinen:
Wer so viel thut   Des Hertz und Muth
  Kans nimmer böse meynen.

4.

Woher wolt ich meinn Auffenthalt
  Auf dieser Erd' erlangen?
Ich wäre längsten tod und kalt /
  Wo mich nicht Gott umbfangen
Mit seinem Arm /   Der alles warm /
  Gesund und frölich machet /
Was er nicht hält /   Das bricht und fällt
  Was er erfreut / das lachet.

5.

Zu dem ist Weißheit und Verstand
  Bey ihm ohn alle massen /
Zeit / Ort und Stund ist ihm bekannt
  Zu thun und auch zu lassen /
Er weiß / wann Freud / Er weiß / wann Leid
  Uns seinen Kindern diene:
Und was er thut / Ist alles gut /
  Obs noch so traurig schiene.

6.

Du denckest zwar / wann du nicht hast /
  Was Fleisch und Blut begehret /
Als sey mit einer grossen Last
  Dein Glück und Heyl beschweret /
Hast Spat und Früh Viel Sorg und Müh
  An deinen Wundsch zu kommen /
Und denckest nicht / Daß / was geschicht /
  Gescheh in deinen Frommen.

7.

Fürwar der dich geschaffen hat /
  Und ihm zur Ehr erbauet /
Der hat schon längst in seinem Rath /
  Ersehen / und beschauet
Aus wahrer Treu / Was dienlich sey
  Dir / und den deinen allen:
Laß ihm doch zu / Daß er nur thu
  Nach seinem Wolgefallen.

8.
Wanns Gott gefällt / so kans nicht seyn /
Es wird dich letzt erfreuen:
Was du itzt nennest Creutz und Pein /
Wird dir zum Trost gedeyen.
Wart in Gedult / Die Gnad und Huld
Wird sich doch endlich finden
All Angst und Quaal Wird auff einmal /
Gleich wie ein Dampf verschwinden.

9.
Das Feld kan ohne Ungestüm
Gar keine Früchte tragen:
So fällt auch Menschen Wollfahrt umb
Bey lauter guten Tagen:
Die Aloe Bringt bittres Weh /
Macht gleichwol rohte Wangen:
So muß ein Hertz Durch Angst und Schmertz
Zu seinem Heyl gelangen.

10.
Ey nun / mein Gott / so fall ich dir
Getrost in deine Hände:
Nim mich und mach es du mit mir /
Bis an mein letztes Ende /
Wie du wol weißst / Daß meinem Geist
Dadurch sein Nutz entstehe /
Und deine Ehr Je mehr und mehr
Sich in ihr selbst erhöhe.

11.
Wilst du mir geben Sonnenschein /
  So nehm ichs an mit Freuden:
Sols aber Creutz und Unglück seyn /
  Wil ichs gedultig leiden /
Sol mir allhier Des Lebens Thür
  Noch ferner offen stehen /
Wie du mich führst Und führen wirst
  So wil ich gern mitgehen.

12.
Sol ich denn auch des Todes Weg
  Und finstre Strassen reisen /
Wolan so tret ich Bahn und Steg /
  Den mir dein Augen weisen:
Du bist mein Hirt / Der alles wird
  Zu solchem Ende kehren /
Daß ich einmal In deinem Saal
  Dich ewig möge ehren.

[48] Der 62. Psalm Davids

1.
MEine Seel ist in der Stille /
  Tröstet sich des höchsten Krafft /
Dessen Rath und heilger Wille
  Mir bald Rath und Hülffe schafft:
Der kan mehr als alle Götter /
Ist mein Hort / mein Heil / mein Retter /
  Daß kein Fall mich stürtzen kan /
  Trätt er noch so hefftig an.

2.

Meine Hasser hört! wie lange
  Stellt ihr alle einem nach?
Ihr macht meinem Hertzen bange /
  Mir zur Ehr und euch zur Schmach.
Hanget / wie zurißne Mauren
Und wie Wände / die nicht dauren /
  Uber mir: Und seyd bedacht
  Wie ich werde Tod gemacht.

3.

Ja fürwar / daß einge dencken
  Die / so mir zuwider seynt
Wie sie mir mein Leben sencken
  Dahin / da kein Licht mehr scheint.
Darumb geht' ihr Mund auffs Liegen /
Und das Hertz auff lauter Triegen /
  Gute Wort und falsche Tück
  Ist ihr bestes Meisterstück.

4.

Dennoch bleib' ich ungeschrecket
  Und mein Geist ist unverzagt /
In dem Gotte / der mich decket /
  Wenn die arge Welt mich plagt.
Auff den harret meine Seele /
Da ist Trost / den ich erwehle /
  Da ist Schutz der mir gefällt /
  Und Errettung die mich hält.

5.
Nimmer / nimmer werd ich fallen /
Nimmer werd ich untergehn /
Denn hier ist / der mich vor allen /
Die mich drücken / kan erhöhn.
Bey dem ist mein Heyl und Ehre /
Meine Stärcke meine Wehre /
Meine Freud und Zuversicht /
Ist nur stets auff Gott gericht.

6.
Hoffet allzeit / lieben Leute /
Hoffet allzeit starck auff ihn.
Kommt die Hülffe nicht bald heute /
Falle doch der Muth nicht hin.
Sondern schüttet aus dem Hertzen
Eures Hertzens / Sorg und Schmertzen /
Legt sie für sein Angesicht /
Traut ihn fest und zweiffelt nicht.

7.
Gott kan alles Unglück enden /
Wirds auch hertzlich gerne thun /
Denen / die sich zu ihm wenden /
Und auff seine Güte ruhn
Aber Menschen-Hülff ist nichtig /
Ihr Vermögen ist nicht tüchtig.
Wär es gleich noch eins so groß /
Uns zu machen frey und loß.

8.

Grosse Leute / grosse Thoren
  Prangen sehr / und sind doch Koth /
Füllen Sinnen / Aug und Ohren /
  Kommts zur That / so sind sie tod /
Wil man ihres Thuns und Sachen
Eine Prob' und Rechnung machen /
  Nach dem Außschlag des Gewichts /
  Sind sie weniger denn nichts.

9.

Laßt sie fahren / liebe Kinder /
  Da ist schlechter Vortheil bey.
Habt für allem / was die Sünder
  Frechlich treiben / Furcht und Scheu /
Laßt euch Eitelkeit nicht fangen /
Nach was nichts ist / nicht verlangen.
  Käm auch Gut und Reichthumb an /
  Ey so hängt das Hertz nicht dran.

10.

Wo das Hertz am besten stehe
  Lehrt am besten Gottes Wort
Aus der güldnen Himmels-Höhe /
  Denn da hör ich fort und fort /
Daß er groß und reich von Kräfften /
Rein und heilig in Geschäfften
  Gütig dem / der gutes thut /
  Nun! der sey mein schönstes Gut.

[49] Advent Gesang

1.
WIe sol ich dich empfangen?
Und wie begegn ich dir?
O aller Welt Verlangen!
O meiner Seelen Zier!
O Jesu Jesu setze
mir selbst die Fackel bey /
damit / was dich ergötze /
Mir kund und wissend sey.

2.
Dein Zion streut dir Palmen
Und grüne Zweige hin /
Und ich wil dir in Psalmen
Ermuntern meinen Sinn.
Mein Hertze sol dir grünen
In stetem Lob und Preis' /
Und deinem Namen dienen
So gut es kan und weiß.

3.
Was hast du unterlassen
Zu meinen Trost und Freud?
Als Leib und Seele sassen
In ihrem grosten Leid'?
Als mir das Reich genommen
Da Fried' und Freude lacht /
Da bist du / mein Heyl / kommen /
Und hast mich froh gemacht.

4.

Ich lag in schweren Banden /
Du kommst und machst mich loß:
Ich stund in Spot und Schanden /
Du kommst und machst mich groß.
Und hebst mich hoch zu Ehren
Und schenckst mir grosses Gut /
Das sich nicht läßt verzehren /
Wie Irdisch Reichthum thut.

5.

Nichts / nichts hat dich getrieben
Zu mir vom Himmels-Zelt /
Als das geliebte lieben /
Damit du alle Welt /
In ihren tausent Plagen
Und grossen Jammers-Last /
Die kein Mund / auß-kan-sagen /
So fest umbfangen hast.

6.

Das schreib dir in dein Hertze /
Du Hertz betrübtes Heer /
Bey denen Gram und Schmertze
Sich häufft je mehr und mehr /
Seyd unverzagt! ihr habet
Die Hülffe für der Thür!
Der eure Hertzen labet
Und tröstet / steht allhier.

7.

Ihr dürft euch nicht bemühen /
Noch sorgen Tag und Nacht /
Wie ihr ihn wollet ziehen
Mit eures Armes-Macht.
Er kommt / er kommt mit willen /
Ist voller Lieb und Lust /
All Angst und Noth zu stillen
Die ihm an euch bewust.

8.

Auch dürfft ihr nicht erschrecken
Für eure Sünden-Schuld.
Nein! *Jesus* wil sie decken /
Mit seiner Lieb' und Huld!
Er kommt / er kommt den Sündern
Zum Trost und wahren Heyl /
Schafft / daß bey Gottes Kindern
Verbleib' ihr Erb und Theil.

9.

Was fragt ihr nach dem Schreyen
Der Feind / und ihrer Tück?
Ihr Herr wird sie zerstreuen
In einem Augenblick.
Er kommt / er kommt ein König /
Dem warlich alle Feind'
Auff Erden / viel zu wenig
Zum Wiederstande seynd.

10.

Er kommt zum Welt-Gerichte /
Zum Fluch dem / der ihn flucht.
Mit Gnad und süssem Lichte
Dem / der ihn liebt und sucht.
Ach komm / ach komm / o Sonne /
Und holl uns allzumal
Zum wegen Licht und Wonne
In deinen Freuden-Saal!

[52] Weinacht-Gesang

1.

WIr singen dir Immanuel /
Du Lebens-Fürst und Gnaden-Quel:
Du Himmels-Blum und Morgenstern
Du Jungfraun-Sohn / Herr aller Herrn
Alleluja.

2.

Wir singen dir in deinem Heer
Aus aller Krafft Lob Preis und Ehr:
Das du o lang gewündschter Gast
Dich nunmehr eingestellet hast.
Alleluja.

3.

Von Anfang / da die Welt gemacht
Hat so manch Hertz nach dir gewacht /
Dich hat gehofft so lange Jahr
Der Väter und Propheten Schaar.
Alleluja.

4.
Vor andern hat dein hoch begehrt
Der Hirt und König deiner Heerd:
  Der Mann / der dier so wol gefiel /
  Wann er dier sang auff Seitenspiel.
      Alleluja.

5.
Ach daß der Herr aus Zion käm
Und unser Bande von uns nehm!
  Ach daß die Hülffe brech herein
  So würde Jacob frölich seyn.
      Alleluja.

6.
Nun du bist hier: da ligest du /
Hältst in den Kriplein deine Ruh:
  Bist klein / und machst doch alles groß
  Bekleidst die Welt und komst doch bloß.
      Alleluja.

7.
Du kehrst in frembder Hausung ein /
Und sind doch alle Himmel dein.
  Trinckst Milch aus einer Menschen Brust /
  Und bist doch aller Engel-Lust.
      Alleluja.

8.
Du hast dem Meer sein Ziel gesteckt /
Und wirst mit Windeln zu gedeckt /
  Bist Gott / und ligst auf Heu und Stroh:
  Wirst Mensch und bist doch A und O.
Alleluja.

9.
Du bist der Ursprung aller Freud /
Und duldest so viel Hertze-Leid:
  Bist aller Heyden Trost und Licht
  Suchst selber Trost und find'st ihn nicht.
Alleluja.

10.
Du bist der süßte Menschen-Freund /
Doch sind dir so viel Menschen feind:
  Herodis Hertz hält dich für Greul
  Und bist doch nichts als lauter Heyl.
Alleluja.

11.
Ich aber dein geringster Knecht
Ich sag' es frey und meyn' es recht:
  Ich liebe dich / doch nicht so viel
  Als ich dich gerne lieben wil.
Alleluja.

12.
Der Will ist da: die Krafft ist klein:
Doch wird dir nicht zuwider seyn
  Mein armes Hertz: Und was es kan
  Wirst du in Gnaden nehmen an.
Alleluja.

13.
Hast du doch selbst dich schwach gemacht:
Erwehltest / was die Welt veracht:
  Wahr'st arm und dürfftig / nahm'st vorlieb
  Da / wo der Mangel dich hintrieb.
Alleluja.

14.
Du schlieffst ja auff der Erden-Schooß /
So war dein Kriplein auch nicht groß:
  Der Stall / das Hew / daß dich umbfing
  War alles schlecht und sehr gering.
Alleluja.

15.
Darumb so hab' ich guten Muth /
Du wirst auch halten mich vor gut:
  O *Jesulein* / dein frommer Sinn
  Macht / daß ich so voll Trostes bin.
Alleluja.

16.
Bin ich gleich Sünd und Laster voll /
Hab' ich gelebt nicht wie ich soll /
Ey kommst du doch deßwegen her /
Das sich der Sünder zu dir kehr.
Alleluja.

17.
Hät' ich nicht auf mir Sünden-Schuld
Hät ich kein Theil an deiner Huld:
Vergeblich wehrst du mir gebohrn
Wann ich nicht wär in Gottes Zorn.
Alleluja.

18.
So faß ich dich nun ohne Scheu:
Du machst mich alles Jammers frey:
Du trägst den Zorn / du würgst den Tod /
Verkehrst in Freud all Angst und Noth.
Alleluja.

19.
Du bist mein Häupt / hinwiederumb
Bin ich dein Glied und Eigenthumb
Und wil so viel dein Geist mir gibt
Stets dienen dier / wie diers beliebt.
Alleluja.

20.
Ich wil dein Alleluja hier
Mit Freuden singen für und für:
  Und dort in deinen Ehren-Saal
  Solls schallen ohne Zeit und Zahl.
Alleluja.

[53] Weinacht-Gesang

1.
FRölich sol mein Hertze springen
  Dieser Zeit: Da für Freud
Alle Engel singen.
Hört / Hört wie mit vollen Choren
  Alle Lufft / laute rufft:
Christus ist geboren.

2.
Heute geht aus seiner Kammer
  Gottes Held / Der die Welt
Reiß't aus allem Jammer.
Gott wird Mensch dier Mensch zu gute:
  Gottes Kind Das verbindt
Sich mit unserm Blute.

3.
Sollt uns Gott nun können hassen
  Der uns gibt Was er liebt
Uber alle Massen.
Gott gibt unserm Leid zu wehren
  Seinen Sohn Aus dem Thron
Seiner Macht und Ehren.

4.
Solte von uns seyn gekehret
   Der sein Reich   Und zugleich
Sich selbst uns verehret?
Solt uns Gottes-Sohn nicht lieben /
   Der itzt kömmt /   Von uns nimmt
Was uns will betrüben!

5.
Hätte für dem Menschen-Orden
   Unser Heyl /   Einen Greul
Wär er nicht Mensch worden.
Hät er Lust zu unserm Schaden /
   Ey so würd   Unsre Bürd
Er nicht auff sich laden.

6.
Er nimmt auff sich / was auff Erden
   Wir gethan: Gibt sich an
Unser Lamm zu werden:
Unser Lamm das vor uns stirbet
   Und bey Gott   Vor dem Tod
Heil und Fried erwirbet.

7.
Nun er ligt in seiner Krippen
   Rufft zu sich   Mich und dich /
Spricht mit sussen Lippen:
Lasset fahr'n o lieben Brüder
   Was euch quält /   Was euch fehlt /
Ich bring alles wieder!

8.
Ey so kommt und laßt uns lauffen
Stellt euch ein Groß und Klein /
Kommt mit grossen Hauffen.
Liebt den / der für Liebe brennet:
Schaut den Stern Der uns gern
Licht und Labsal gönnet.

9.
Die ihr schwebt in grossem Leyden
Sehet / hier Ist die Thür
Zu den wahren Freuden:
Fast ihn wol / Er wird euch führen
An den Ort Da hinfort
Euch kein Creutz wird rühren.

10.
Wer sich findt beschwert im Hertzen /
Wer empfindt Seine Sünd
Und Gewissens Schmertzen /
Sey getrost! Hier wird gefunden
Der in Eyl Machet heil
Die vergifften Wunden.

11.
Die ihr arm seyd und elende /
Kompt herbey Füllet frey
Eures Glaubens-Hände:
Hier sind alle gute Gaben /
Und das Gold Da ihr sollt
Euer Hertz mit laben.

12.

Süsses Heyl / laß dich umbfangen /
Laß mich dir / Meine Zier
Unverrückt anhangen:
Du bist meines Lebens Leben:
Nun kan ich Mich durch dich
Wol zu frieden geben.

13.

Meine Schuld kan mich nicht drücken /
Denn du hast Meine Last
All auf deinem Rücken.
Kein Fleck ist an mir zu finden:
Ich bin gar Rein und klar
Aller meiner Sünden.

14.

Ich bin rein umb deinet willen /
Du gibst gnug Ehr und Schmuck
Mich drin ein-zu-hüllen.
Ich wil dich ins Hertze schliessen
O mein Rhum! Edle Blum
Laß dich recht geniessen!

15.

Ich wil dich mit Fleiß bewahren:
Ich wil dir Leben hier /
Dir wil ich abfahren.
Mit dir wil ich endlich schweben
Voller Freud Ohne Zeit
Dort im andern Leben.

1.
ICh steh an deiner Krippen hier
O Jesulein mein Leben /
Ich stehe / bring und schencke dir
Was du mir hast gegäben.
Nim hin / es ist mein Geist und Sinn /
Hertz Seel und Muth / Nim alles hin
Und laß dirs wolgefallen.

2.
Du hast mit deiner Lieb' erfüllt
Mein' Adern und Geblüthe /
Dein schöner Glantz / dein süsses Bild
Ligt mir stets im Gemüthe /
Und wie mag es auch anders seyn
Wie könt' ich dich mein Hertzelein
Aus meinem Hertzen lassen?

3.
Da ich noch nicht geboren war /
Da bist du mir geboren /
Und hast mich dir zu eigen gar
Eh' ich dich kant' erkohren.
Eh ich durch deine Hand gemacht
Da hat dein Hertze schon bedacht
Wie du mein woltest werden.

4.

Ich lag in tieffer Todes-Nacht
  Du wordest meine Sonne /
Die Sonne / die mir zugebracht /
  Licht / Leben / Freud und Wonne.
O Sonne / die das werthe Licht
Des Glaubens in mir zugericht /
  Wie schön sind deine Straalen!

5.

Ich sehe dich mit Freuden an
  Und kan mich nicht satt sehen /
Und weil ich nun nicht weiter kan
  So thu ich was geschehen.
O das mein Sinn ein Abgrund wehr /
Und meine Seel / ein weites Meer /
  Daß ich dich möchte fassen!

6.

Vergönne mir / o JEsulein /
  Daß ich dein Mündlein küsse /
Das Mündlein das den süßsten Wein
  Auch Milch und Honig-Flüsse
Weit übertrifft in seiner Krafft /
Es ist vol Labsal / Stärck und Safft
  Der Marck und Bein erquicket.

7.

Wann offt mein Hertz im Leibe wein't
  Und keinen Trost kan finden /
Da rufft mirs zu / *Ich bin dein Freund*

Ein Tilger deiner Sünden /
Was traurest du mein Fleisch und Bein /
Du solst ja guter Dinge seyn /
Ich zahle deine Schulden.

8.
Wer ist der Meister / der allhier
Nach Würdigkeit außstreichet
Die Händlein / so das Kindlein mir
Anlachende zureichet!
Der Schnee ist hell / die Milch ist weiß /
Verlieren doch beyd' ihren Preis.
Wenn diese Händlein blicken.

9.
Wo nehm' ich Weißheit und Verstandt
Mit Lobe zu erhöhen /
Die Auglein / die so unverwandt
Nach mir gerichtet stehen!
Der volle Mond ist schön und klar /
Schön ist der güldnen Sternenschaar /
Dieß Auglein sind viel schöner.

10.
O daß doch ein so lieber Stern
Sol in der Krippen liegen!
Vor edle Kinder grosser Herrn
Gehören güldne Wiegen.
Ach Heu und Stroh ist viel zu schlecht /
Sammt / Seyd' und Purpur wären recht
Dich Kindlein drauf zulegen.

11.
Nehmt weg das Stroh / nehmt weg das Heu /
Ich wil mir Blumen holen /
Das meines Heylands Lager sey
Auff Rosen und Violen /
Mit Tulpen / Nelcken / Roßmarien
Aus frischen Gärten / wil ich Ihn
Von oben her bestreuen.

12.
Zur Seiten wil ich hier und dar
Viel weisse Lilgen stecken /
Die sollen seiner Äuglein Paar
Im Schlaffe sanfft bedecken.
Doch lieb't vieleicht das dürre Gras
Dir Kindlein mehr / als alles das
Was ich hier nenn' und dencke.

13.
Du fragest nicht nach Lust der Welt /
Noch nach des Leibes-Freuden /
Du hast dich bey uns eingestellt
An unsre Statt zu leiden /
Suchst meiner Seelen Trost und Freud
Durch allerhand Beschwerlichkeit /
Das wil ich dir nicht wehren.

14.
Eins aber / hof' ich / wirst du mir /
Mein Heyland / nicht versagen /
Daß ich dich möge für und für

In / bey / und an mir tragen /
So laß mich doch dein Kripplein seyn /
Komm / komm und lege bey mir ein
Dich / und all deine Freuden.

15.
Zwar solt' ich dencken / wie gering
Ich dich bewirten werde /
Du bist der Schöpffer aller Ding /
Ich bin nur Staub und Erde /
Doch bist du so ein lieber Gast
Daß du noch nie verschmähet hast
Den / der dich gerne siehet.

[56] Weinacht-Gesang

1.
KOmmt und last uns Christum Ehren /
Hertz und Sinnen zu ihm kehren:
Singet frölich / last euch hören
Wertes Volck der Christenheit.

2.
Sünd und Hölle mag sich grämen /
Tod und Teuffel mag sich schämen:
Wir / die unser Heyl annehmen
Werffen allen Kummer hin.

3.

Sehet / was hat GOtt gegäben?
Seinen Sohn zum ewgen Leben.
Dieser kan und wil uns heben
Aus dem Leid ins Himmels-Freud.

4.

Seine Seel ist uns gewogen:
Lieb und Gunst hat ihn gezogen
Uns / die Satanas betrogen
Zu besuchen aus der Höh.

5.

Jacobs Stern ist aufgegangen /
Stillt das sehnliche Verlangen /
Bricht den Kopf der alten Schlangen
Und zerstört der Höllen Reich.

6.

Unser Kercker / da wir sassen /
Und mit Sorgen ohne Massen /
Uns das Hertze selbst abfrassen /
Ist entzwey und wir sind frey.

7.

O du hoch gesegnte Stunde /
Da wir daß von Hertzengrunde /
Gläuben / und mit unserm Munde
Dancken dir / o Jesulein.

8.
Schönstes Kindlein in dem Stalle
Sey uns freundlich / bring uns alle /
Dahin / da mit süssem Schalle
Dich der Engel Heer erhöht!

[58] Neu-Jahr Gesang

1.
NUn last uns gehn und tretten /
Mit singen und mit bäten /
Zum Herrn der unserm Leben /
Bis hieher Krafft gegäben.

2.
Wir gehn dahin / und wandern
Von einem Jahr zum andern:
Wir leben und gedeyen /
Vom alten zu dem neuen.

3.
Durch so viel Angst und Plagen /
Durch zittern und durch zagen /
Durch Krieg und grosse Schrecken /
Die alle Welt bedecken.

4.
Denn wie von treuen Müttern
In schweren Ungewittern
Die Kindlein hier auf Erden
Mit Fleiß verwahret werden.

5.
Also auch / und nichts minder /
Läst Gott Ihm seine Kinder /
Wann Noth und Trübsal blitzen /
In seinem Schoosse sitzen.

6.
Ach Hüter unsers Lebens /
Fürwar es ist vergebens
Mit unserm thun und machen /
Wo nicht dein' Augen wachen.

7.
Gelobt sey deine Treue
Die alle Morgen neue:
Lob sey den starcken Händen
Die alles Hertzleid wenden.

8.
Laß ferner dich erbitten /
O Vater / und bleib mitten
In unserm Creutz und Leiden
Ein Brunnen unsrer Freuden.

9.
Gib mir und allen denen /
Die sich von Hertzen sehnen
Nach dir und deiner Hulde /
Ein Hertz / daß sich gedulde.

10.
Schleuß zu die Jammer-Pforten /
Und laß an allen Orten
Auf so viel Blut-vergiessen /
Die Frieden-Ströme fliessen.

11.
Sprich deinen milden Segen
Zu allen unsern Wegen /
Laß grossen und auch kleinen
Die Gnaden-Sonne scheinen.

12.
Sey der Verlaßnen Vater /
Der Irrenden Berahter /
Der Unversorgten Gabe
Der Armen Gut und Habe.

13.
Hilf gnädig allen Krancken /
Gib fröliche Gedancken /
Den Hoch-betrübten Seelen
Die sich mit Schwermuth quälen.

14.
Und endlich / was das meiste /
Füll' uns mit deinem Geiste /
Der uns hier herrlich ziere /
Und dort zum Himmel führe.

15.
Das alles wollst du geben
O meines Lebens Leben
Mir / und der Christen Schaare /
Zum selgen neuen Jahre.

[68] Vom Tod und Sterben. Aus den 90. Psal. Davids

1.
HErr Gott du bist ja für und für
Die Zuflucht deiner Heerde.
Du bist gewesen eh allhier
Gelegt der Grund der Erde:
Und da noch kein Berg war bereit
Da warst du in der Ewigkeit
O Anfang aller Dinge!

2.
Du läßt die Menschen in das Thor
Des Todes häuffig wandern /
Und sprichst: kommt wieder Menschen vor
Und folget jenen andern.
Denn dier sind *Höchster* tausent Jahr
Als wie ein Tag der gestern war /
Und nunmehr ist vergangen.

3.
Du läßt das schnöde Menschen-Heer
Wie einen Strom verfliessen /
Und wie die Schifflein auff dem Meer
Bey gutem Wind hinschiessen:

Gleich wie ein Schlaf und Traum bey Nacht /
Der / wann der Mensch vom Schlaff' erwacht
Enfallen und vergessen.

4.
Wir sind ein Kraut / das bald verdort /
Ein Graß / daß itzt auffgehet /
Wird aber schnel von seinem Ort
Entführet und verwehet:
So ist ein Mensch: heut blühet er
Und morgen / wann ihm ungefehr
Ein Wind rührt / ligt er nieder.

5.
Das macht HErr deines Zornes Grimm /
Daß wir so bald verschwinden.
Dein Eyfer stößt und wirft uns ümb
Von wegen unsrer Sünden:
Die Sünden stellest du für dich /
Davon brenn't und entrüstet sich
Dein allzeit-reines Hertze.

6.
Das ist das Feur / das uns versehrt
Das Marck in allen Beinen
Daher kömmts / daß der Tod verzehrt
Die grossen und die kleinen:
Drumb fahren unsre Tage hin
Wie ein Geschwätze durch den Sinn
Wann wir die Zeit vertreiben.

7.
Wie lang hält doch diß Leben aus?
Gar selten *Siebntzig* Jahre.
Wanns hoch kommt / werden *Achtzig* draus /
Und wenn man alle Waare
Die hier gewonnen / nimmt zu hauff
Ist's lauter Müh von Jugend auff
Und lauter Angst gewesen.

8.
Wir rennen / lauffen / sorgen viel /
Und eh wirs uns versehen /
Da kömmt der Tod steckt uns das Ziel /
Und da ists dann geschehen:
Wir fliehen eylend und behend /
Und ist doch niemand / der sein End' /
Und Gottes Zorn bedencke.

9.
Lehr und bedencken / frommer GOtt
Das Elend dieser Erden:
Auf daß wir / wann wir an den Tod
Gedencken / Klüger werden.
Ach kehre wieder / kehr uns zu
Dein Angesicht und steh' in Ruh
Mit deinen bösen Knechten.

10.
Erfüll uns früe mit deiner Gnad
Am Leib und an der Seelen:
So wollen wir dir früh und spaht /
Dein Lob mit Danck erzehlen.

Erfreu uns / o du höchste Freud /
Und gib uns wieder gute Zeit
Nach so viel bösen Tagen.

11.
Bisher hats lauter Creutz geschneyt /
Laß nun die Sonne scheinen:
Bescher uns Freude nach dem Leyd
Und lachen nach dem weinen.
Laß deiner Wercke süssen Schein /
Herr / deinen Knechten kundbar seyn /
Und dein' Ehr' ihren Kindern.

12.
Bleib' unser Gott und treuer Freund /
Halt' uns auff festen Fusse /
Und wenn wir etwa irrig seynd /
So gib daß sich mit Busse
Das Hertze wieder zu dir wend':
Auch fördre das Thun unser Händ
Und segn' all unsre Wercke.

[72] Der betrübte Vater tröstet sich über seinen nunmehr seligen Sohn

1.
DU bist zwar mein und bleibest mein /
(Wer wil mirs anders sagen)
Doch bist du nicht nur mein allein
Der Herr von ewgen Tagen.

Der hat das meiste recht an dir:
Der fodert und erhebt von mir
Dich o mein Sohn mein Wille /
Mein Hertz und Wundsches fülle.

2.

Ach gült es Wundschen / wolt ich dich
Du Sternlein meiner Seelen /
Vor allem Welt-Gut williglich
Mir wündschen und erwehlen.
Ich wolte sagen: bleib bey mir:
Du solst seyn meines Hauses Zier /
An dir wil ich mein Lieben
Bis in mein sterben üben.

3.

So sagt mein Hertz / und meynt es gut:
Gott aber meynts noch besser.
Groß ist die Lieb' in meinem Muth:
In Gott ist sie noch grösser /
Ich bin ein Vater / und nichts mehr:
Gott ist der Väter Häupt und Ehr /
Ein Quel da Alt und Jungen
In aller Welt entsprungen.

4.

Ich sehne mich nach meinem *Sohn*:
Und der mir ihn gegäben /
Wil / daß er nah' an seinem Thron
Im Himmel solle leben:

Ich sprech: ach weh! mein Licht verschwind:
Gott spricht: willkommn du liebes Kind /
Dich wil ich bey mir haben /
Und ewig reichlich laben.

5.
O süsser Raht! o schönes Wort /
Und heilger als wir dencken!
Bey Gott ist ja kein böser Ort /
Kein Unglück und kein krämcken /
Kein Angst / kein Mangel / kein versehn
Bey Gott kan keinem Leid geschehn;
Wen Gott versorgt und liebet /
Wird nimmermehr betrübet.

6.
Wir Menschen sind ja auch bedacht
Die Unsrigen zu zieren:
Wir gehn und sorgen Tag und Nacht /
Wie wir sie wollen führen
In einem feinen seelgen Stand:
Und ist doch selten so bewannt
Mit dem / wohin sie kommen /
Als wier's uns vorgenommen.

7.
Wie manches junges frommes Bluth
Wird jämmerlich verführet
Durch böß Exempel / das es thut /
Was *Christen* nicht gebühret.

 Da hats denn *Gottes Zorn* zu Lohn:
Auf Erden nichts als Spott und Hohn:
Der Vater muß mit grämen
Sich seines Kindes schämen.

8.
Ein solches darf ich ja nun nicht
An meinen Sohn erwarten.
Der steht für *Gottes Angesicht*
Und geh't in *Christi Garten* /
Hat Freude die ihn recht erfreut /
Und ruh't von allem Hertze-Leid:
Er sieh't und hört die Schaaren /
Die uns allhier bewahren.

9.
Er sieh't und hört der Engel-Mund /
Sein Mündlein hilfft selbst singen;
Weis alle Wißheit aus dem Grund /
Und red't von solchen Dingen
Die unser keiner noch nicht weiß /
Die auch durch unsern Fleiß und Schweiß
Wir / weil wir sind auff Erden
Nicht auß-Studiren werden.

10.
Ach solt ich doch von ferne stehn
Und nur ein wenig hören /
Wenn deine Sinnen sich erhöh'n
Und *Gottes Namen ehren* /

Der *Heilig* / *Heilig* / *Heilig* ist /
Durch den du auch geheiligt bist /
  Ich weiß / Ich würde müssen
  Vor Freuden Thränen giessen.

11.
Ich würde sprechen: bleib allhier:
  Nun wil ich nicht mehr klagen:
Ach mein Sohn wärst du noch bey mir!
  Nein: sondern komm du Wagen
Eliae / hole mich geschwind /
Und bring mich dahin / da mein Kind /
  Und so viel liebe Seelen
  So schöne Ding' erzehlen.

12.
Nun es sey ja / und bleib also /
  Ich wil dich nicht mehr weinen.
Du lebst und bist von Hertzen froh /
  Siehst lauter Sonnen scheinen /
Die Sonnen ewger Freud' und Ruh:
Hier leb' und bleib nun immerzu /
  Ich wil / wils Gott mit andern
  Auch bald hernacher wandern.

[75] Paßion-Lied

1.
O Welt sieh hier dein Leben /
Am Stamm des Kreutzes schweben /
Dein Heil sinckt in den Tod:
Der grosse Fürst der Ehren /
Läst willig sich beschweren
Mit Schlägen / Hohn und grossen Spott.

2.
Tritt her / und schau mit Fleisse /
Sein Leib ist gantz mit Schweisse
Des Bluthes überfüllt:
Aus seinem edlen Hertzen /
Vor unerschöpfften Schmertzen /
Ein seuftzer nach dem andern quilt.

3.
Wer hat dich so geschlagen
Mein Heyl / und dich mit Plagen
So übel zugericht?
Du bist ja nicht ein Sünder /
Wie wir uns unsre Kinder /
Von Ubelthaten weist du nicht.

4.
Ich / ich und meine Sünden /
Die sich wie Körnlein finden /
Des Sandes an dem Meer /
Die haben dir erreget /
Das Elend / das dich schläget /
Und das betrübte Marter-Heer.

5.

Ich bins / ich solte büssen
An Händen und an Füssen
   Gebunden in der Höll:
Die Geisseln und die Banden /
Und was du außgestanden /
   Das hat verdienet meine Seel /

6.

Du nimmst auf deinen Rücken
Die Lasten / die mich drücken /
   Viel sehrer als ein Stein:
Du wirst ein Fluch / dargegen
Verehrst du mir den Segen /
   Dein schmertzen muß mein Labsal seyn.

7.

Du setzest dich zum Bürgen /
Ja / lässest dich gar würgen /
   Vor mich und meine Schuld:
Mir lässest du dich kröhnen
Mit Dornen / die dich höhnen /
   Und leidest alles mit Gedult.

8.

Du springst ins Todes Rachen /
Mich frey und loß zu machen
   Von solchem Ungeheur:
Mein Sterben nimmst du abe /
Vergräbst es in dem Grabe:
   O unerhörtes Liebes-Feur!

9.
Ich bin / mein Heil / verbunden
All Augenblick und Stunden
Dir über Hoch und sehr:
Was Leib und Seel vermögen /
Das sol ich billig legen /
Allzeit an deinen Dienst und Ehr.

10.
Nun ich kan nicht viel geben
In diesem armen Leben:
Eins aber wil ich thun:
Es sol dein Tod und Leiden /
Bis Leib und Seele scheiden /
Mir stets in meinem Hertzen ruhn.

11.
Ich wils für Augen setzen /
Mich stets daran ergötzen /
Ich sey auch wo ich sey:
Es sol mir seyn ein Spiegel
Der Unschuld / und ein Siegel
Der Lieb' und unverfälschten Treu.

12.
Wie hefftig unsre Sünden
Den frommen Gott entzünden /
Wie Rach und Eifer gehn:
Wie grausam seine Ruthen /
Wie zornig seine Fluthen /
Wil ich aus deinem Leiden sehn.

13.
Ich wil daraus studiren /
Wie ich mein Hertz sol zieren
Mit stillem sanfften Muth:
Und wie ich die sol lieben /
Die mich doch sehr betrüben
Mit Wercken / so die Boßheit thut.

14.
Wenn böse Zungen stechen /
Mir glimpff und Nahmen brechen /
So wil ich zähmen mich:
Das Unrecht wil ich dulden /
Dem Nechsten seine Schulden
Verzeihen gern und williglich.

15.
Ich wil mich mit dir schlagen
Ans Creutz / und dem absagen /
Was meinem Fleisch gelüst:
Was deine Augen hassen /
Das wil ich fliehn und lassen /
So viel mir immer müglich ist

16.
Dein Seufftzen und dein Stehnen /
Und die viel tausent Thränen /
Die dir geflossen zu:
Die sollen mich am Ende
In deinen Schooß und Hände
Begleiten zu der ewgen Ruh.

[79] Oster-Lied

1.
AUf / auf / mein Hertz mit Freuden
Nim wahr was heut geschicht /
Wie kommt nach grossen Leiden
Nun ein so grosses Licht!
Mein Heyland war gelegt
Da / wo man uns hintregt
Wen von uns unser Geist
Gen Himmel ist gereißt.

2.
Er war ins Grab gesencket /
Der Feind trieb groß Geschrey:
Eh ers vermeint und dencket /
Ist Christus wieder frei /
Und rufft Victoria!
Schwingt frölich hier und da /
Sein Fähnlein / als ein Heldt /
Der Feld und Muth behält

3.
Der Held steht aus dem Grabe
Und sieht sich munter ümb:
Der Feind liegt und legt abe /
Gifft / Gall und Ungestüm.
Er wirfft zu Christi Fuß /
Sein Höllen-Reich: und muß
Selbst in des Siegers Band /
Ergeben Fuß und Hand.

4.
Das ist mir anzuschauen /
  Ein rechtes Freuden-Spiel:
Nun sol mir nicht mehr grauen
  Vor allem / was mir will
Entnehmen meinen Muth /
Zusambt dem edlen Guth /
  So mir durch JEsum Christ
  Aus Lieb erworben ist.

5.
Die Höll und ihre Rotten
  Die krümmen mir kein Haar:
Der Sünden kann ich spotten /
  Bleib allzeit ohn Gefahr.
Der Tod mit seiner Macht /
Wird schlecht bei mir geacht:
  Er bleibt ein todtes Bild
  Und wär er noch so wild.

6.
Die Welt ist mir ein Lachen
  Mit ihrem grossen Zorn.
Sie zürnt und kan nichts machen
  All' Arbeit ist verlohrn.
Die Trübsall trübt mir nicht
Mein Hertz und Angesicht /
  Das Unglück ist mein Glück
  Die Nacht mein Sonnen-Blick.

7.
Ich hang und bleib auch hangen
  An Christo als ein Glied:
Wo mein Haupt durch ist gangen
  Da nimmt er mich auch mit.
Er reisset durch den Tod:
Durch Welt / durch Sünd / und Noth
  Er reisset durch die Höll'
  Ich bin stets sein Gesell.

8.
Er dringt zum Saal der Ehren
  Ich folg' Ihm immer nach /
Und darf mich gar nicht kehren
  An eintzig ungemach.
Es tobe was da kan /
Mein Haupt nimmt sich mein an:
  Mein Heiland ist mein Schild
  Der alles Toben stillt.

9.
Er bringt mich an die Pforten
  Die in den Himmel führt.
Daran mit güldnen Worten
  Der Reim gelesen wird:
Wer dort wird mit verhöhnt
Wird hier auch mit gekröhnt:
  Wer dort mit sterben geht
  Wird hier auch mit erhöht.

1.
ZEuch ein zu meinen Thoren
Sey meines Hertzens-Gast /
Der du / da ich geboren
Mich neu geboren hast /
O hochgeliebter Geist
Des Vaters und des Sohnes
Mit beyden gleiches Thrones
Mit beyden gleich gepreißt.

2.
Zeuch ein / laß mir empfinden
Und schmecken deine Krafft /
Die Krafft / die uns von Sünden
Hülff' und Erettung schafft /
Entsündge meinen Sinn /
Das ich mit reinem Geiste
Dir Ehr und Dienste leiste
Die ich dir schuldig bin.

3.
Ich war ein wilder Reben /
Du hast mich gut gemacht:
Der Todt durchdrang mein Leben /
Du hast ihn umbgebracht
Und in der Tauf' erstickt /
Als wie in einer Flute
Mit dessen Todt und Bluthe
Der uns im Todt erquickt.

4.
Du bist das heilig' Oele /
  Dadurch gesalbet ist
Mein Leib und meine Seele
  Dem *Herren Jesu Christ*
Zum wahren Eigenthumb /
  Zum Priester und Propheten
  Zum Könge / den in Nöthen
Gott schütz't vom Heiligthumb.

5.
Du bist ein Geist / der lehret
  Wie man recht bäten soll:
Dein Bäten wird erhöret
  Dein Singen klinget wol:
Es steigt zum Himmel an /
  Es steigt und läßt nicht abe
  Bis der geholffen habe
Der allen helffen kan.

6.
Du bist ein Geist der Freuden
  Von Trauren hältstu nicht /
Erleuchtet uns im Leiden
  Mit deines Trostes Licht:
Ach ja wie manches mal
  Hast du mit süssen Worten
  Mir auffgethan die Pforten
Zum güldnen Freuden-Saal.

7.

Du bist ein Geist der Liebe /
  Ein Freund der Freundligkeit /
Wilst nicht daß uns betrübe
  Zorn / Zanck / Haß / Neid und Streit.
Der Feindschafft bist du Feind
  Willst daß durch Liebes-Flammen
  Sich wieder thun zusammen
Die voller Zwietracht seynd.

8.

Du Herr hast selbst in Händen
  Die gantze weite Welt /
Kanst Menschen Hertzen wenden /
  Wie dier es wol gefällt:
So gib doch deine Gnad
  Zum Fried und Liebes-Banden
  Verknüpff in allen Landen
Was sich getrennet hat.

9.

Beschirm die *Policeyen*:
  Baw unsrer *Fürsten-Thron* /
Das *Sie* und *Wir* gedeyen:
  Schmück als mit einer Cron
Die *Alten* mit *Verstand*:
  Mit Frömmigkeit die Jugend
  Mit *Gottesfurcht* und *Tugend*
Das Volck im gantzen Land.

10.
Erfülle die Gemüther
  Mit reiner Glaubens-Zier
Die Häuser und die Güter
  Mit Segen für und für:
Vertreib den bösen Geist
  Der dier sich widersetzet
  Und was dein Hertz ergötzet
Aus unserm Hertzen reißt.

11.
Gib Freudigkeit und Stärcke
  Zu stehen in dem Streit /
Den Satans Reich und Wercke
  Uns täglich anerbeut
Hilff kämpffen Ritterlich /
  Damit wir überwinden /
  Und ja zum Dienst der Sünden
Kein Christ ergebe sich.

12.
Richt' unser gantzes Leben
  Allzeit nach deinem Sinn /
Und wenn wiers sollen geben
  Ins Todes Hände hin:
Wenns mit uns hier wird aus /
  So hilf uns frölich sterben /
  Und nach dem Tod' ererben
Des *Ewgen Lebens-Haus*.

1.
WAch auf mein Hertz und singe
dem Schöpffer aller Dinge
dem Gäber aller Güter:
den frommen Menschenhüter.

2.
Heint als die dunkeln Schatten
Mich gantz umbfangen hatten
Hat Satan mein begehret
Gott aber hats verwehret.

3.
Ja Vater / als er suchte
Daß er mich fressen müchte /
War ich in deinem Schosse
Dein Flügel mich beschlosse.

4.
Du sprachst mein Kind nun liege.
Trotz dem / der dich betrüge:
Schlaf wohl / laß dir nicht grauen /
Du solst die Sonne schauen.

5.
Dein Wort das ist geschehen /
Ich kan das Liecht noch sehen:
Von Noth bin ich befreyet
Dein Schutz hat mich verneuet.

6.
Du wilst ein Opffer haben:
Hier bring ich meine Gaben:
Mein Weyrauch / Farr und Widder
Seynd mein Gebeht und Lieder.

7.
Die wirst du nicht verschmähen
Du kanst ins Hertze sehen /
Und weissest daß zur Gabe
Ich ja nicht bessers habe.

8.
So wolst du nun vollenden
Dein Werck an mir / und senden
Der mich an diesem Tage
Auf seinen Händen trage.

9.
Sprich ja zu meinen Thaten.
Hilf selbst das beste rathen.
Denn Anfang Mittel und Ende /
Ach Herr zum besten wende!

10.
Mit Segen mich beschütte:
Mein Hertz sey deine Hütte /
Dein Wort sey meine Speise
Bis ich gen Himmel reise.

[86] Morgen-Gesang

1.

LObet den HErren
Alle / die ihn fürchten /
Last uns mit Freuden seinen Namen singen
Und Preiß und Danck zu seinen Altar bringen
Lobet den Herren.

2.

Der unser Leben
Das er uns gegeben.
In dieser nacht so väterlich bedecket
Und aus dem Schlaff uns frölich auferwecket /
Lobet den HErren

3.

Daß unsre Sinnen
Wir noch brauchen können
Und Hand und Füsse / Zung und Lippen regen
Das haben wir zu dancken seinem Segen /
Lobet den Herren

4.

Daß Feuerflammen
Uns nicht allzusammen
Mit unsern Häusern unversehns gefressen
Das machts / daß wir in seinem Schoß gesessen.
Lobet den Herren

5.
Daß Dieb und Räuber
Unser Gut und Leiber
Nicht angetast / und grausamlich verletzet
Darwider hat sein Engel sich gesetzet.
Lobet den Herren

6.
O treuer Hüter
Brunnen aller Güther
Ach laß doch ferner über unser Leben
Bey Tag und Nacht dein Hut und Güte schweben.
Lobet den Herren

7.
Gib daß wir heute
Herr / durch dein Geleite
Auff unsern Wegen unverhindert gehen
Und überall in deiner Gnade stehen.
Lobet den Herren

8.
Treib unsern Willen
Dein Wort zu erfüllen:
Lehr uns verrichten heilige Geschäffte
Und wo wir schwach sein / da gib du uns Kräffte.
Lobet den HErren

9.

Richt unser Hertzen
Daß wir ja nicht schertzen
Mit deinen Straffen: sondern fromm zu werden
Vor deiner Zukunfft uns bemühn auff Erden.
Lobet den Herren

10.

HErr / du wirst kommen
Und all deine Frommen
Die sich bekehren / gnädig dahin bringen
Da alle Engel ewig ewig singen;
Lobet den Herren

[87] Abend-Lieder

1.

Nun ruhen alle Wälder /
Vieh Menschen Städt und Felder
Es schläfft die gantze Welt.
Ihr aber meine Sinnen /
Auf / auf ihr solt beginnen
Was eurem Schöpffer wohl gefällt.

2.

Wo bist du Sonne blieben?
Die Nacht hat dich vertrieben /
Die Nacht des Tages Feind:
Fahr hin / ein andre Sonne
Mein Jesus / meine Wonne /
Gar hell in meinem Hertzen scheint.

3.

Der Tag ist nun vergangen:
Die güldnen Sternlein prangen
Am blauen Himmels-Saal:
So / so werd ich auch stehen /
Wann mich wird heissen gehen
Mein GOtt aus diesem Jammerthal.

4.

Der Leib der eilt zur Ruhe
Legt ab das Kleid und Schuhe
Das Bild der Sterbligkeit:
Die zieh ich aus / dargegen
Wird Christus mir an legen
Den Rock der Ehr und Herrligkeit.

5.

Das Häupt die Füß und Hände /
Sind froh daß nun zum Ende
Die Arbeit kommen sey:
Hertz freu dich: du solst werden
Vom Elend dieser Erden
Und von der Sünden Arbeit frey.

6.

Nun geht ihr matten Glieder /
Geht / geht und legt euch nieder /
Der Betten ihr begehrt:
Es kommen Stund und Zeiten /
Da man euch wird bereiten
Zur Ruh ein Bettlein in der Erd.

7.
Mein Augen stehn verdrossen
Im huy sind sie verschlossen /
Wo bleibt denn Leib und Seel?
Nim sie zu deinen Gnaden /
Sey gut vor allen Schaden /
du Aug und Wächter Israel.

8.
Breit aus die Flügel beide
O JEsu meine Freude /
Und nim dein Küchlein ein:
Will Satan mich verschlingen /
So laß die Englein singen
Diß Kind sol unverletzet seyn.

9.
Auch euch ihr meine Lieben
Sol heute nicht betrüben
Kein Unfall noch Gefahr:
Gott laß euch ruhig schlaffen
Stell euch die güldnen Waffen
Umbs Bett / und seiner Helden Schaar.

[93] Danck-Lied vor die Verkündigung des Friedens

1.
GOtt lob nun ist erschollen
Das edle Fried und Freuden-Wort
Daß nun mehr ruhen sollen
Die Spieß und Schwerter und ihr mord.

wol auf und nim nun wieder
dein Seitenspiel hervor
O Deutschland! und sing Lieder
im hohen vollen Chor.
Erhebe dein Gemüthe /
und dancke Gott und sprich:
Herr deine Gnad und Güte
bleibt dennoch ewiglich.

2.

Wir haben nichts verdienet
Als schwere Straf und grossen Zorn /
Weil stets noch bey uns grünet
Der freche schnöde Sünden Dorn /
Wir seind fürwar geschlagen
Mit harter scharffer Ruth:
Und dennoch muß man fragen:
Wer ist der Busse thut?
Wir sind und bleiben böse /
GOtt ist und bleibet treu
Hilfft daß sich bey uns löse
Der Krieg und sein Geschrey.

3.

Sey tausend mahl willkommen
Du theure werthe Friedens-Gab:
Jetzt sehn wir was vor Frommen
Dein bey uns Wohnen in sich hab.
In dir hat GOtt versencket
All unser Glück und Heyl!
Wer dich betrübt und krancket /
Der drückt ihm selbst den Pfeil

Des Hertzleids in das Hertze:
Und löscht aus Unverstand /
Die güldne Freuden-Kertze
Mit seiner eignen Hand!

4.
Das drückt uns niemand besser
In unsre Seel und Hertz hinein /
Als ihr zerstörten Schlösser
Und Städte voller Schutt und Stein
Ihr vormals schönen Felder
Mit frischer Saat bestreut /
Itzt aber lauter Wälder
Und dürre wüste Heyd:
Ihr Gräber voller Leichen /
Und tapffren Helden Schweiß /
Der Helden / derer gleichen
Auf Erden man nicht weiß.

5.
Hier trübe deine Sinnen
O Mensch und laß die Thränenbach
Aus beiden Augen rinnen!
Geh in dein Hertz und dencke nach:
Was Gott bisher gesendet /
Das hast du außgelacht.
Nun hat er sich gewendet
Und väterlich bedacht /
Vom Grimm und scharffen Dringen
Zu deinem Heyl / zu ruhn:
Ob er dich möchte zwingen
Mit Lieb und gutes thun.

6.
Ach laß dich doch erwecken!
Wach auf / wach auf du harte Welt:
Eh als das letzte Schrecken
Dich schnell und pötzlich überfällt.
Wer aber Cristum liebet /
Sey unerschrocknes Muths!
Der friede den er giebet /
Bedeutet alles guts
Er will die Lehre geben:
Das Ende naht herzu /
Da sollt ihr bey Gott leben /
In ewgen Fried und Ruh.

[105] Der 85. Psalm Davids

1.
HErr / der du vormals hast dein Land
Mit Gnaden angeblicket /
Und des gefangnen Jacobs Band
Gelöst und ihn erquicket /
Der du die Sünd und Missethat
Die dein Volck vor begangen hat
Hast väterlich verziehen.

2.
HErr / der du deines Eifers Glut
Zuvor offt abgewendet /
Und nach dem Zorn das süsse Gut

Der Lieb und Huld gesendet:
Ach frommes Hertz! ach unser Heil /
Nim weg und heb auff in der Eil
Was uns anitzo kräncket.

3.
Lösch aus HErr deinen grossen Grimm
Im Brunnen deiner Gnaden:
Erfreu und tröst uns wiederumb
Nach außgestandnem Schaden:
Wilst du denn zürnen ewiglich?
Und sollen deine Fluthen sich
Ohn alles End ergiessen?

4.
Willst du o Vater uns denn nicht
Nun einmal wieder laben?
Und sollen wir an deinem Licht
Nicht wieder Freude haben?
Ach geuß aus deines Himmels Haus
HErr deine Güt und Segen aus
Auf uns und unsre Häuser.

5.
Ach daß ich hören solt das Wort
Erschallen bald auff Erden /
Daß Friede solt an allem Ort
Wo Christen wohnen / werden!
Ach daß uns doch Gott sagte zu
Des Krieges Schluß / der Waffen Ruh
Und alles Unglücks Ende!

6.

Ach daß doch diese böse Zeit
Sich stillt / in guten Tagen /
Damit wir in dem grossen Leyd
Nicht möchten gantz verzagen:
Doch ist ja Gottes Hülffe nah
Und seine Gnade stehet da
All denen / die ihn fürchten.

7.

Wenn wir nur from seyn wird sich Gott
Schon wieder zu uns wenden /
Den Krieg und alle andre Noth
Nach Wuntsch / und also enden
Daß seine Ehr in unserm Land
Und allenthalben werd erkant /
Ja stetig bey uns wohne.

8.

Die Güht und Trewe werden schön
Ein ander grüssen müssen:
Gerechtigkeit wird einhergehn /
Und Friede wird sie küssen:
Die Trewe wird mit Lust und Freud
Auf Erden blühn. Gerechtigkeit
Wird von dem Himmel schauen.

9.

Der HERR wird uns viel gutes thun /
Das Land wird Früchte geben /
Und die in seinem Schoosse ruhn /

Die werden darvon leben:
Gerechtigkeit wird dennoch stehn
Und stets in vollem Schwange gehn
Zur Ehre seines Namens.

[109] Der 146. Psalm Davids

1.

DU meine Seele singe /
wol auf und singe schön
Dem / welchen alle Dinge
zu Dienst und Willen stehn
Ich will den Herren droben
Hier preisen auf der Erd /
Ich will ihn hertzlich loben
So lang ich leben werd.

2.

Ihr Menschen lasst euch lehren /
Es wird euch nützlich sein!
Lasst euch doch nicht bethören
Die Welt mit ihrem Schein:
Verlasse sich ja keiner
Auff Fürsten Macht und Gunst
Weil sie / wie unser einer
Nichts seyn als nur ein Dunst.

3.
Was Mensch ist / muß erblassen /
Und sincken in den Todt:
Er muß den Geist außlassen /
Selbst werden Erd und Koth.
Allda ists denn geschehen
Mit seinem klugen Rath /
Und ist frey klahr zu sehen
Wie schwach sey Menschen-That.

4.
Wohl dem / der eintzig schauet
Nach Jacobs GOTT und Heil:
Wer dem sich anvertrauet /
Der hat das beste Theil /
Das höchste Guth erlesen /
Den schönsten Schatz geliebt:
Sein Hertz und gantzes Wesen
Bleibt ewig unbetrübt.

5.
Hier sind die starcken Kräffte
Die unerschöpffte Macht:
Das weisen die Geschäffte
Die seine Hand gemacht;
Der Himmel und die Erde /
Mit ihrem gantzen Heer /
Der Fisch unzehlich Heerde
Im grossen wilden Meer.

6.
Hier seynd die treuen Sinnen
Die niemand unrecht thun:
All denen gutes gönnen /
Die in der Treu beruhn.
GOTT hält sein Wort mit Freuden /
Und was er spricht / geschicht:
Und wer Gewalt muß leyden /
Den schützt er im Gericht.

7.
Er weiß viel tausend Weysen
Zu retten aus dem Tod:
Ernehrt und giebet Speisen
Zur Zeit der Hungers-Noth /
Macht schöne rothe Wangen
Offt bey geringem Mahl:
Und die da sind gefangen /
Die reisst Er aus der Quahl.

8.
Er ist das Liecht der Blinden /
Erleuchtet ihr Gesicht /
Und die sich schwach befinden /
Die stellt er aufgericht:
Er liebet alle Frommen:
Und die ihm günstig seynd /
Die finden / wann sie kommen
An ihm den besten Freund.

9.
Er ist der Frembden Hütte /
Die Wäysen nimmt Er an /
Erfüllt der Wittwen Bitte /
Wird selbst ihr Trost und Mann.
Die aber / die ihn hassen /
Bezahlet Er im Grimm /
Ihr Hauß und wo sie sassen /
Das wirfft Er ümb und ümb.

10.
Ach ich bin viel zuwenig
Zu rühmen seinen Ruhm:
Der HERR ist ewger König
Ich eine welcke Bluhm.
Jedoch weil ich gehöre
Gen Zion / in sein Zelt
Ists billich / daß ich ehre
Sein Lob vor aller Welt.

[110] Lob-Gesang

1.
SOlt ich meinem Gott nicht singen
Solt ich ihm nicht frölich seyn!
Denn ich seh in allen Dingen /
Wie so gut ers mit mir mein.
Ist doch nichts als lauter lieben
Das sein treues Hertze regt /
das ohn Ende hebt und trägt /

Die in seinem Dienst sich üben /
alles Ding währt seine Zeit /
Gottes Lieb in Ewigkeit.

2.
Wie ein Adler sein Gefieder
Über seine Jungen streckt /
Also hat auch hin und wieder
Mich des Höchsten Arm gedeckt
Also bald im Mutterleibe /
Da er mir mein Wesen gab /
Und das Leben / das ich hab
Und noch diese Stunde treibe.
Alles Ding wehrt seine Zeit
Gottes Lieb in Ewigkeit.

3.
Sein Sohn ist ihm nicht zutheuer /
Nein / er gibt in für mich hin
Daß er mich vom ewgen Feuer
Durch sein theures Blut gewin:
O du ungegründter Brunnen /
Wie wil doch mein schwacher Geist
Ob er sich gleich hoch befleisst
Deine Tieff ergründen können
Alles Ding währt seine Zeit
Gottes Lieb in Ewigkeit.

4.

Seinen Geist den edlen Führer
  Gibt er mir in seinem Wort /
Daß er werde mein Regierer
  Durch die Welt zur Himmelspfort.
Daß er mir mein Hertz erfülle
  Mit dem hellen Glaubens-Licht
  Das des Todes Reich zerbricht
Und die Hölle selbst macht stille.
  Alles Ding währt seine Zeit
  Gottes Lieb in Ewigkeit.

5.

Meiner Seelen Wolergehen
  Hat er ja recht wol bedacht:
Wil dem Leibe Noth zustehen
  Nimmt ers gleichfals wol inacht:
Wenn mein Können / mein Vermögen
  Nichts vermag / nichts helfen kan.
  Kömmt mein Gott und hebt mir an
Sein Vermögen beizulegen:
  Alles Ding wehrt seine Zeit
  Gottes Lieb in Ewigkeit.

6.

Himmel / Erd und ihre Heere
  Hat er mir zum Dienst bestellt.
Wo ich nur mein Aug hinkehre /
  Find ich was mich nehrt und hält.
Thier und Kräuter und Geträide
  In den Gründen / in der Höh:
  In den Püschen / in der See /

Uberall ist meine Weyde.
Alles Ding wehrt seine Zeit
Gottes Lieb in Ewigkeit.

7.
Wenn ich schlafe / wacht sein sorgen
Und ermuntert mein Gemüth /
Daß ich alle liebe Morgen
Schaue neue Lieb und Güt.
Wäre mein Gott nicht gewesen /
Hätte mich sein Angesicht
Nicht geleitet / wär ich nicht
Aus so mancher Angst genesen.
Alles Ding wehrt seine Zeit
Gottes Lieb in Ewigkeit.

8.
Wie so manche schwere Plage
Wird vom Satan rumm geführt.
Die mich doch mein Lebetage
Niemals noch bißher gerührt.
Gottes Engel / den er sendet /
Hat das böse was der Feind
Anzurichten ist gemeynt /
In die ferne weggewendet.
Alles Ding währt seine Zeit
Gottes Lieb in Ewigkeit.

9.

Wie ein Vater seinem Kinde
Sein Hertz niemals ganz entzeucht /
Ob es gleich bißweilen Sünde
Thut / und aus der Bahne weicht.
Also hält auch mein Verbrechen
Mir mein frommer Gott zu gut /
Will mein fehlen mit der Ruth
Und nicht mit dem Schwerte rächen
Alles Ding währt seine Zeit
Gottes Lieb in Ewigkeit.

10.

Seine Straffen seine Schläge /
Ob sie mir gleich bitter seynd /
Dennoch / wenn ichs recht erwege /
Seind es Zeichen / daß mein Freund
Der mich liebet / mein gedencke /
Und mich von der schnöden Welt
Die uns hart gefangen hält
Durch das Creutze zu ihm lencke.
Alles Ding währt seine Zeit
Gottes Lieb in Ewigkeit.

11.

Daß weiß ich fürwar / und lasse
Mirs nicht aus dem Sinn entgehn
Christen Creutz hat seine masse /
Und muß entlich stille stehn.
Wenn der Winter außgeschneyet
Tritt der schöne Sommer ein:
Also wird auch nach der Pein

Wers erwarten kan / erfreuet.
Alles Ding währt seine Zeit.
Gottes Lieb in Ewigkeit.

12.
Weil den weder Ziel noch Ende
Sich in Gottes Liebe find /
Ey so heb ich meine Hände
Zu dir Vater / als dein Kind /
Bitte / wollst mir Gnade geben /
Dich aus aller meiner Macht
Zu umbfangen Tag und Nacht
Hier in meinem gantzen Leben.
Biß ich dich nach dieser Zeit
Lob und Lieb in Ewigkeit.

[111] Lobgesang

1.
ICh singe dir mit Hertz und Mund /
Herr / meines Hertzens Lust:
Ich sing und mach auff Erden kund
Was mir von dir bewust.

2.
Ich weiß / daß du der Brunn der Gnad
Und ewge Quelle seyst
Daraus uns allen früh und spat
Viel Heil und gutes fleusst.

3.
Was seind wir doch? was haben wir
Auf dieser gantzen Erd /
Das uns / o Vater / nicht von dir
Allein gegeben werd?

4.
Wer hat das schöne Himmels-Zelt
Hoch über uns gesetzt?
Wer ist es / der uns unser Feld
Mit Thau und Regen netzt?

5.
Wer wärmet uns in Kält und Frost
wer schützt uns vor dem Wind?
Wer macht es / daß man Öl und Most
Zu seinen Zeiten find?

6.
Wer gibt uns Leben und Geblüth?
Wer hält mit seiner Hand
Den güldnen / edlen / werthen Fried
In unserm Vaterland?

7.
Ach Herr mein Gott das kömmt von dir
Du du must alles thun /
Du hältst die Wach an unsrer Thür
Und lässt uns sicher ruhn.

8.
Du nährest uns von Jahr zu Jahr /
Bleibst immer fromm und treu
Und stehst uns / wenn wir in Gefahr
Gerathen / hertzlich bey.

9.
Du strafst uns Sünder mit Gedult
Und schlägst nicht allzusehr:
Ja endlich nimst du unser Schuldt
Und wirffst sie in das Meer

10.
Wenn unser Hertze seufftzt und schreyt
Wirst du gar leicht erweicht /
Und gibst uns / was uns hoch erfreut
Und dir zu Ehren reicht

11.
Du zehlst wie offt ein Christe wein /
Und was sein Kummer sey:
Kein Zähr- und Trähnlein ist so klein /
Du hebst und legst es bey.

12.
Du füllst des Lebens Mangel aus
Mit dem / was ewig steht /
Und führst uns in des Himmels-Haus
Wenn uns die Erd entgeht.

13.
Wol auf mein Hertze / sing und spring
Und habe guten Muth /
Dein Gott / der Ursprung aller Ding
Ist selbst und bleibt dein Gutt.

14.
Er ist dein Schatz / dein Erb und Theil /
Dein Glantz und Freuden-Licht
Dein Schirm und Schild / dein Hülf und Heil
Schafft Rath und läst dich nicht.

15.
Was kränckst du dich in deinem Sinn
Und grämst dich Tag und Nacht?
Nim deine Sorg / und wirff sie hin
Auf den / der dich gemacht.

16.
Hat er dich nicht von Jugend auff
Versorget und ernehrt?
Wie manchen schweren Unglückslauf
Hat er zurück gekehrt.

17.
Er hat noch niemals was versehn
In seinem Regiment.
Nein: was er thut und läst geschehn
Das nimmt ein gutes End.

18.
Ey nun so laß ihn ferner thun /
Und red ihm nichts darein /
So wirstu hier in Frieden ruhn
Und ewig frölich seyn.

[114] Nun dancket alle Gott

1.
NUn dancket all und bringet Ehr
Ihr Menschen in der Welt /
Dem / dessen Lob der Engel-Heer
Im Himmelt stets vermeld.

2.
Ermuntert euch und singt mit Schall
Gott unserm höchsten Gutt
Der seine Wunder überall
Und grosse Dinge thut.

3.
Der uns von Mutterleibe an
Frisch und gesund erhält /
Und wo kein Mensch nicht helffen kan
Sich selbst zum Helffer stellt.

4.
Der / ob wir ihn gleich hoch betrübt /
Doch bleibet gutes Muths:
Die Straff erläßt / die Schuld vergibt
Und thut uns alles guts.

5.

Er gebe uns ein frölich Hertz
Erfrische Geist und Sinn:
Und werff all Angst / Furcht Sorg und Schmertz
Ins Meeres Tieffe hin.

6.

Er lasse seinen Frieden ruhn
In Israelis Land /
Er gebe Glück zu unserm Thun
Und Heil in unserm Stand.

7.

Er lasse seine Lieb und Gütt
Umb / bey und mit uns gehn;
Was aber ängstet und bemüht
Gar ferne von uns stehn.

8.

So lange dieses Leben wehrt /
Sey er stets unser Heil:
Und bleib auch / wenn wir von der Erd /
Abscheiden / unser theil.

9.

Er drücke / wenn das Hertze bricht
Uns unsre Augen zu /
Und zeig uns drauf sein Angesicht
Dort in der ewgen Ruh.

[115] Dancklied Nach außgestandenem grossen Kummer und Betrübniß

1.

AUf den Nebel folgt die Sonn /
Auf daß Trauren Freud und Wonn /
  Auf die schwere bittre Pein /
  stellt sich Trost und Labsal ein:
Meine Seele die zuvor
  Sanck bis zu dem Höllen-Thor /
  Steigt nun bis zum Himmels-Chor.

2.

Der / vor dem die Welt erschrickt /
Hat mir meinen Geist erquickt:
  Seine hohe starcke Hand
  Reist mich aus der Höllen-Band:
Alle seine Lieb' und Gütt
  Uberschwemt mir mein Gemüth
  Und erfrischt mir mein Geblüth.

3.

Hab ich vormals Angst gefühlt
Hat der Gram mein Hertz zerwühlt /
  Hat der Kummer mich beschwert /
  Hat der Satan mich bethört /
Ey so bin ich nun mehr frey:
  Heyl und Rettung / Schutz und Treu
  Steht mir wieder treulich bey.

4.
Nun erfahr ich / schnöder Feind /
Wie dus habst mit mir gemeynt /
Du hast warlich mich mit Macht
In dein Netz zu ziehn gedacht:
Hätt ich dir zu viel getraut /
Hättst du / eh ich zugeschaut /
Mir zum fall ein sieb gebaut.

5.
Ich erkenne deine List /
Da du mit erfüllet bist:
Du beleugst mir meinen Gott /
Und machst seinen Ruhm zu Spott /
Wann er setzt / so wirffst du umb /
Wann er spricht / verkehrt dein Grimm
Seine süsse Vater-Stimm.

6.
Hoff und wart ich alles guts /
Bin ich froh und gutes Muths /
Rückst du mir aus meinem Sinn
Alles gute sinnen hin:
Gott ist / sprichst du / fern von dir /
Alles Unglück bricht herfür /
Steht und ligt für deiner Thür.

7.
Heb dich weg / verlogner Mund /
Hier ist Gott und Gottes-Grund /
Hier ist Gottes Angesicht /
Und das schöne helle Licht.

Seines Segens / seiner Gnad /
All sein Wort und weiser Raht
Steht für mir in voller That.

8.

Gott läßt keinen traurig stehn /
Noch mit Schimpf zurücke gehen /
Der sich ihm zu eigen schenckt /
Und ihn in sein Hertze senckt.
Wer auff Gott sein Hoffnung setzt /
Findet endlich und zuletzt /
Was ihm Leib und Seel ergötzt.

9.

Kömmts nicht heute / wie man wil /
Sey man nur ein wenig still /
Ist doch morgen auch ein Tag /
Da die Wolfahrt kommen mag:
Gottes Zeit hält ihren Schritt /
Wann die kömmt kommt unser Bitt
Und die Freude reichlich mit.

10.

Ach! Wie offte dacht ich doch /
Da mir noch des Trübsalls Joch
Auf dem Häupt und Halse saß /
Und das Leid mein Hertze fraß /
Nun ist keine Hoffnung mehr
Auch kein ruhen / bis ich kehr
In das schwartze Todten-Meer.

11.

Aber mein Gott wandt es bald /
Heilt und hielt mich dergestalt /
  Das ich / was sein Arm gethan /
  Nimmermehr gnug preisen kan.
Da ich weder hier noch da
  Eingen Weg zur Hülffe sah /
  Hatt ich seine Hülffe nah.

12.

Als ich furchtsam und verzagt
Mich selbst und mein Hertze plagt /
  Als ich manche liebe Nacht
  Mich mit wachen kranck gemacht /
Als mir aller Muth entfiel /
  Tratst du mein Gott selbst ins Spiel /
  Gabst dem Unfall Maaß und Ziel.

13.

Nu so lang ich in der Welt /
Haben werde Haus und Zelt /
  Sol mir dieser Wunderschein
  Stets für meinen Augen seyn /
Ich wil all mein Lebenlang
  Meinem Gott mit Lobgesang
  Hiefür bringen Ehr und Danck.

14.
Allen Jammer allen Schmertz /
Den des ewgen Vaters Hertz
  Mir schon itzo zugezehlt /
  Oder künfftig außerwehlt /
Wil ich hier in diesem Lauff
  Meines Lebens / allzuhauf
  Frisch und freudig nehmen auf.

15.
Ich wil gehn in Angst und Noth /
Ich wil gehn bis in den Todt /
  Ich wil gehn ins Grab hinein /
  Und doch allzeit frölich seyn.
Wem der stärckste bey-wil stehn /
  Wen der höchste will erhöhn /
  Kan nicht gantz zu Grunde gehn.

[117] Von der heiligen Tauffe

1.
DU Volk / das du getauffet bist
  Und deinen Gott erkennest /
Auch nach dem Namen Jesu Christ
  Dich und die deinen nennest /
Nims wol in acht / und dencke dran /
Wie viel dir gutes sey gethan /
  Am Tage deiner Tauffe.

2.

Du wahrst / noch eh du wurdst gebohrn
Und eh du Milch gesogen
Verdampt / verstossen und verlohrn /
Darumb das du gezogen
Aus deiner Eltern Fleisch und Blut
Ein Art die sich vom höchsten Gut
Dem ewgen Gott stets wendet.

3.

Dein Leib und Seel war mit der Sünd
Als einen Gifft durchkrochen /
Und du wahrst nicht mehr Gottes Kind /
Nach dem der Bund gebrochen
Den unser Schöpffer auffgericht
Da er uns seines Bildes Licht
Und herrlichs Kleid ertheilte.

4.

Der Zorn / der Fluch / der ewge Tod
Und was in diesen allen
Enthalten ist vor Angst und Noth
Das war auff dich gefallen:
Du wahrst des Satans Schlav und Knecht
Der hielt dich fest nach seinem Recht
In seinem Reich gefangen.

5.

Das alles hebt auff einmal auff
Und schlägt und drückt es nieder
Das Wasser-Bad der heiligen Tauff /
Ersetzt dargegen wieder

Was Adam hat verderbt gemacht
Und was wir selbsten durch gebracht
  Bey unserm bösen Wesen.

6.
Es macht diß Bad von Sünden loß /
  Und gibt die rechte schöne.
Die Satans Kercker vor beschloß /
  Die werden frey / und Söhne.
deß / der da trägt die höchste Kron /
Der läßt sie / was sein einger Sohn
  Ererbt / auch mit ihm erben.

7.
Was von Natur vermaledeyt
  Und mit dem Fluch umbfangen
Das wird hier in der Tauff erneut
  Den Segen zu erlangen,
Hier stirbt der Tod / und würgt nicht mehr
Hier bricht die Höll / und all ihr Heer
  Muß uns zum Füssen ligen.

8.
Hier ziehn wir Jesum Christum an
  Und decken unsre Schanden /
Mit dem / was er für uns gethan
  Und willig außgestanden.
Hier wäscht uns sein hochtheures Blut
Und macht uns heilig fromm und gut
  In seines Vaters Augen.

9.

O grosses Werck! o heilges Bad /
  O Wasser dessen gleichen
Man in der gantzen Welt nicht hat /
  Kein Sinn kann dich erreichen.
Du hast recht eine Wunder-Krafft /
Und die hat der / so alles schafft
  Dier durch sein Wort geschencket.

10.

Du bist kein schlechtes Wasser nicht
  Wies unsre Brunnen geben.
Was Gott mit seinem Munde spricht,
  Das hast du in dir leben,
Du bist ein Wasser das den Geist
Des Allerhöchsten in sich schleußt
  Und seinen grossen Namen.

11.

Das halt o Mensch in allem Werth /
  Und dancke für die Gaben /
Die dein Gott dir darin beschehrt /
  Und die uns alle laben.
Wenn nichts mehr sonst uns laben wil
Die laß / bis daß des Todes Ziel
  Dich trifft / nicht ungepreiset.

12.

Brauch alles wol / und weil du bist
  Nun rein in Christo worden /
So leb und thu auch als ein Christ
  Und halte Christi Orden.

Bis das dort in der ewgen Freud
Er dir das Ehr- und Freuden-Kleid
Umb deine Seele lege.

[118] Vom heiligen Abendmahl

1.
HErr Jesu / meine Liebe /
Ich hätte nimmer Ruh und Rast /
Wo nicht fest in mir bliebe
Was du für mir geleistet hast
Es must in meinen Sünden
die sich sehr hoch erhöhn /
all meine Kraft verschwinden
Und wie ein Rauch vergehn /
Wen sich mein Hertz nicht hielte
zu dier und deinem Tod /
Und ich nicht stets mich kühlte /
an deines Leidens-Noth.

2.
Nun weist du meine Plagen
Und Satans meines Feindes List /
Wenn meinen Geist zu nagen
Er embsig und bemühet ist:
Da hat er tausent Künste
Von dier mich abzuziehn /
Bald treibt er mir die Dünste
Des Zweiffels in den Sinn /

Bald nimmt er mier dein Meynen
Und Wollen aus der Acht
Und lehrt mich ganz verneinen /
Was du doch fest gemacht.

3.
Solch Unheyl abzuweisen
Hast du / Herr / deinen Tisch gesetzt /
Da lessest du mich speisen
So / daß sich Marck und Bein ergötzt.
Du reichst mir zu geniessen
Dein theures Fleisch und Blut /
Und lässest Worte fliessen
Da all mein Hertz auf ruht:
Komm / sprichst du / komm und nahe
Dich ungescheut zu mir /
Was ich dir geb / empfahe
Und nims getrost zu dier.

4.
Hier ist beym Brod verhanden
Mein Leib / der dar gegäben wird
Zum Tod und Creutzes Banden
Für dich / der sich von mir verirrt:
Beym Wein ist / was geflossen
Zu Tilgung deiner Schuld /
Mein Blut / das ich vergossen
In Sanfftmuth und Gedult:
Nims beydes mit dem Munde
Und denck auch mit darbey /
Wie fromm im Hertzengrunde
Ich dein Erlöser sey.

5.
Herr ich will dein gedencken
So lang ich Lufft und Leben hab /
Und bis man mich wird sencken /
An meinem End ins finstre Grab.
Ich sehe dein Verlangen
Nach meinem ewgen Heyl:
Am Holtz bist du gehangen
Und hast so manchen Pfeil
Des Trübsals lassen dringen
In dein Unschuldigs Hertz /
Auf das ich möcht entspringen
Des Todes Pein und Schmertz.

6.
So hast du auch befohlen
Das / was den Glauben stärcken kan /
Ich bey dir solle hohlen /
Und soll doch ja nicht zweiffeln dran /
Du habst für alle Sünden
Die in der gantzen Welt
Bey Menschen je zu finden
Ein völligs Lösegeld
Und Opffer das bestehet
Vor dem der alles trägt
In dem auch alles gehet /
Bezahlet und erlegt.

7.
Und das ja mein Gedancke
Der voller Falschheit und Betrug
Nicht im geringsten wancke /
Als wär es dir nicht Ernst genug /
So neigst du dein Gemüthe
Zusampt der rechten Hand.
Und gibst mit grosser Gütte
Mir das hochwehrte Pfand
Zu Essen und zu Trincken.
Ist das nicht Trost und Liecht
Dem / der sich läst bedüncken
Du wollest seiner nicht.

8.
Ach Herr! Du wilst uns alle!
Das sagt uns unser Hertze zu.
Die so der Feind zu Falle
Gebracht / ruffst du zu deiner Ruh.
Ach hilff Herr! hilff uns eilen
Zu dir / der jederzeit
Uns allesampt zu heilen
Geneigt ist und bereit.
Gib Lust und heilges dürsten
Nach deinem Abentmahl /
Und dort mach uns zu Fürsten
Im güldnen Himmels-Saal.

1.
ICh weiß das mein Erlöser lebt
Daß sol mir niemand nehmen
Er lebt / und was ihm widerstrebt
Daß muß sich endlich schemen.
Er lebt fürwar der starcke Held /
Sein Arm / der alle Feinde felt /
Hat auch den Tod bezwungen.

2.
Des bin ich hertzlich hoch erfreut
Und habe gar kein Scheuen
Für dem / der alles Fleisch zerstreut
Gleich wie der Wind die Sprewen /
Nimmt er gleich mich und mein Gebein
Und scharrt uns in die Grufft hinein /
Was kan er damit schaden.

3.
Mein Heyland lebt! ob ich nun werd
Ins Todes-Staub mich strecken /
So wird er mich doch aus der Erd
Hernachmals aufferwecken /
Er wird mich reissen aus dem Grab /
Und aus dem Lager da ich hab
Ein kleines ausgeschlaffen.

4.
Da werd ich eben diese Haut /
Und eben diese Glieder /
Die jeder itzo an mir schaut /
Auch was sich hin und wieder
Von Adern und Gelencken findt
Und meinen Leib zusammen bind
Gantz richtig wieder haben.

5.
Zwar alles was der Mensche trägt
Das Fleisch und seine Knochen /
Wird / wann er sich hin sterben legt /
Zumalmet und zerbrochen.
Von Maden / Motten und was mehr
Gehöret zu der Würme Heer:
Doch solls nicht stets so bleiben.

6.
Es sol doch alles wieder stehn
In seinem vorgen Wesen /
Was niederlag wird Gott erhön /
Was umbkam / wird genesen.
Was die Verfaulung hat verheert /
Und die Verweesung hat verzehrt /
Wird alles wieder kommen.

7.
Das hab ich je und je gegläubt /
Und faß ein fest Vertrauen /
Ich werde den / der ewig bleibt
In meinem Fleische schauen.

In dem Fleische / ja das hier stirbt
Und in dem Stanck und Koth verdirbt
Da werd ich Gott inn sehen.

8.
Ich selber werd in seinem Licht /
In sehn und mich erquicken.
Mein Auge wird sein Angesicht /
Mit grosser Lust erblicken.
Ich werd ihn mir sehn / mir zur Freud
Und werd ihm dienen ohne Zeit /
Ich selber und kein frembder.

9.
Trotz sey nun allem / was mir wil
Mein Hertze blöde machen /
Wehrs noch so mächtig / groß und viel
Kan ich doch frölich lachen.
Man treib und spanne noch so hoch
Sarg / Grab und Todt / so bleibet doch
Gott mein Erlöser leben.

Anhang

Abkürzungen

B	Biblische Bezugstexte
ED	Erstdruck
GA	*Geistliche Andachten*
PPM	*Praxis Pietatis Melica* (s. »Zur Edition«)
FT	Fischer/Tümpel (s. »Zur Edition«)
Q	Quelle
SBB-PK	Staatsbibliothek Berlin, Preußischer Kulturbesitz
V	literarische Vorlage
VD17	Verzeichnis der im deutschen Sprachraum erschienenen Drucke des 17. Jahrhunderts (www.vd17.de)

Zur Edition

Die Texte sind der Ausgabe letzter Hand entnommen, die 1666/67 in zehn durchgehend paginierten Einzellieferungen von je zwölf Liedern erschien und 1667 mit einem gemeinsamen Titelblatt gesammelt vorlag als: *Pauli Gerhardi Geistliche Andachten Bestehend in hundert und zwantzig Liedern / Auff Hoher und vornehmer Herren Anfoderung in ein Buch gebracht / Der göttlichen Majestät zu foderst Zu Ehren / denn auch der werthen und bedrängten Christenheit zu Trost / und einer jedweden gläubigen Seelen Zu Vermehrung ihres Christenthums Also Dutzendweise mit neuen sechsstimmigen Melodeyen gezieret. Hervor gegeben und verlegt Von Johan Georg Ebeling / Der Berlinischen Haupt-Kirchen Music: Director*, Berlin 1667 (VD17 1:665374D, der Edition zugrunde liegt das Exemplar SBB-PK: Slg. Wernigerode Hb 657). Diese Ausgabe liegt auch in einem Faksimile vor: Paul Gerhardt: *Geistliche Andachten [1667]. Samt den übrigen Liedern und lateinischen Gedichten*, hrsg. von Friedhelm Kemp, Bern/München 1975.

Die Erstdrucke sind in den von Johann Crüger herausgegebenen Ausgaben der *Praxis Pietatis Melica* von 1647 (kein Exemplar erhalten), 1653 (VD17 12:121769R), 1656 (VD17 7:660577R) und 1661 (VD17 1:660445A) oder in Gelegenheitsdruckschriften erschienen. Diese Erstdrucke sind mit textkritischem Apparat ediert in: *Das deutsche evangelische Kirchenlied des siebzehnten Jahrhunderts*, hrsg. von Albert Fischer, vollendet und hrsg. von W. Tümpel, Bd. 3, Gütersloh 1906 (Nachdr. Hildesheim 1964), S. 295–449. In den folgenden Anmerkungen zu den einzelnen Liedern sind die wichtigsten abweichenden Lesarten der Erstdrucke nach der Ausgabe von Fischer/Tümpel verzeichnet.

Für die Edition wurde eine repräsentative Auswahl getroffen. Die Lieder werden in der Reihenfolge der *Geistlichen Andachten* abgedruckt, in eckigen Klammern ist die Nummer des Liedes angegeben. Die äußere Form (typographische Anordnung, Orthographie, Zeichensetzung) der Vorlage wurde übernommen und dabei die stets unter die Noten notierte erste Strophe dem äußeren Erscheinungsbild der Folgestrophen angeglichen. Statt der Fraktur ist die Antiqua verwendet, bei den Majuskeln werden I und J sowie U und V nach ihrem Lautwert unterschiedlich, die Umlaute in der heute üblichen Weise und die vereinzelten typographischen Auszeichnungen als Kursive wiedergegeben; die in den Errata-Listen angegebenen Textänderungen sind eingearbeitet, weitere offensichtliche Druckfehler wurden stillschweigend korrigiert, Ersatzgrapheme und Abkürzungen aufgelöst.

Zu Sprache und Zeichensetzung

Paul Gerhardts Deutsch ist heute nicht immer unmittelbar verständlich. In den Anmerkungen zu den Liedern sind Hilfen zum Textverständnis gegeben, die auf den frühneuhochdeutschen Wörterbüchern sowie dem *Deutschen Wörterbuch* von Jacob und Wilhelm Grimm basieren. Problematisch sind dabei weniger die heute unbekannten oder ungebräuchlichen, sondern die auch im modernen Deutsch gängigen Wörter, die bei Gerhardt eine ganz oder teilweise andere Bedeutung haben. Zu diesen »falschen Freunden«, die wegen ihrer Häufigkeit in den Anmerkungen nur zum geringen Teil berücksichtigt sind, gehören etwa »dafür« (dafür, davor), »Frömmigkeit« (Rechtschaffenheit, Gerechtigkeit), »fromm« (tüchtig, gut, rechtschaffen), »Frommen« (Vorteil, Nutzen), »für« (vor, für), »Kunst« (Können, Fertigkeit, Vermögen, Wissen), »vor« (vor, für), »weil« (weil, solange), »Witz« (Verstand, Klugheit). Immer wieder finden sich auch heute ungebräuchliche Flexionsformen (»anerbeut« – anerbietet, »draut« – droht, »geneust« – genießt, »zeucht« – zieht, »fleucht« – flieht, fliegt). Anstelle des Reflexivpronomens kann Gerhardt das Personalpronomen verwenden. Manche Schreibweisen und Wortformen sind durch die Zwänge des Versmaßes und Reimes begründet. Wegen des engen Zusammenhangs der nachreformatorischen geistlichen Dichtung mit der Sprache des hebräischen Alten und des griechischen Neuen Testaments sowie mit der Sprache der lateinischen Bibelübersetzungen und der Lutherbibel erklärt sich manche besondere Wortbedeutung aus dem biblischen Sprachgebrauch. Die Zeichensetzung folgt nicht der Grammatik, sondern gliedert Sinn- und Sprecheinheiten. Der Doppelpunkt markiert einen Einschnitt innerhalb eines Satzgefüges. Da Typographie, Rechtschreibung und Zeichensetzung Sache des Setzers sind, sind die äußeren Eigenheiten und Uneinheitlichkeiten des Drucks nicht immer auf den Autor zurückzuführen.

Anmerkungen

Die Anmerkungen gliedern sich in den Nachweis der Quelle, den Nachweis des Erstdrucks, den Hinweis auf biblische Bezugstexte und literarische Vorlagen, ausgewählte textkritische Hinweise zu abweichenden Lesarten in den Erstdrucken (in der Abfolge: Quelle – nach links offene eckige Klammer – Erstdruck) und sprachlich-sachliche Erläuterungen.

»Unter allen, die da leben«

Q/ED: Joachim Pauli, *Vier geistliche Lieder / Dem Lobwürdigen GOTT zu Ehren / Und dessen Liebhabern Zum besten*, Berlin [1665] (VD17 1:670819M, SBB-PK: Slg. Wernigerode Hb 1314), fol. [H]^r.

[1] Passion-Lied

Q: GA 1666/67, S. 6 f. ED: PPM 1647, Nr. 118 (FT Nr. 386). B: Joh. 1,29; Jes. 52,13–53,12.

1,3: träget] büsset. 7: »Verzeiht sich« – versagt sich, verzichtet auf.
2,4: »Söhner« – Sühner, Versöhner. 6: »außgethan« – preisgegeben.
3,2: diers] diß.
6,3: zu aller Zeit] nach Mügligkeit.
7,6: »Calmus« – Gewürzwurzel; »Myrrhen« – Harz; »Casia« – Zimt.

[2] Passions-Salve des heiligen Bernhardi / an die Gliedmassen des Herrn Jesu / An die Füsse

Q: GA 1666/67, S. 8 f. ED: PPM 1653, Nr. 496 (FT Nr. 459). V: Arnulf von Löwen, *Salve caput cruentatum* (Bernhard von Clairvaux zugeschrieben).

1,8: »wirbest« – dich bemühst um.
2,4: Deiner] Deine.
4,5: schönstes] liebstes.
5,5: des hohen Creutzes Baum] dem hohen creutzesbaum.

[3] [Passions-Salve des heiligen Bernhardi /
an die Gliedmassen des Herrn Jesu /]
An die Knye des HERRN JEsu

Q: GA 1666/67, S. 10 f. ED: PPM 1653, Nr. 497 (FT Nr. 460).
1,6: Ein Helffer] O helffer.
2,3: dir] auch. 5: »ungeschränckte« – unumschränkte.
3,2: Mein Liebster] O liebster.
5,5: mir] nur. Mach] macht.

[4] [Passions-Salve des heiligen Bernhardi /
an die Gliedmassen des Herrn Jesu /]
An die Hände des HERREN JEsu

Q: GA 1666/67, S. 12 f. ED: PPM 1653, Nr. 498 (FT Nr. 461).
2,2: »Gülden« – Gulden.
3,1: »thust du dich doch zu« – näherst du dich, kommst du.

[5] [Passions-Salve des heiligen Bernhardi /
an die Gliedmassen des Herrn Jesu /]
An die Seite des HERRN JEsu

Q: GA 1666/67, S. 14 f. ED: PPM 1653, Nr. 499 (FT Nr. 462).
5,7: »Nach mir […] stellt« – mir nachstellt, nach mir jagt.

[6] [Passions-Salve des heiligen Bernhardi /
an die Gliedmassen des Herrn Jesu /]
An die Brust des HERREN JEsu

Q: GA 1666/67, S. 16 f. ED: PPM 1656, Nr. 154 (FT Nr. 465).
1,2: Mein einge Lieb] Mein auge / lieb. 4: Du Gottes Thron] Du Gottessohn.
3,5: aus dem Schatze] aus den schätzen.
4,2: »Brunst« – inbrünstige Liebe. 6: »dein Johannes« – Joh. 13,23.

[7] [Passions-Salve des heiligen Bernhardi /
an die Gliedmassen des Herrn Jesu /]
An das Hertz des HERRN JEsu

Q: GA 1666/67, S. 18 f. ED: PPM 1656, Nr. 155 (FT Nr. 466).
1,3: mit Freuden] in freuden.
3,4: »hertzes« – geliebtes und liebendes. 6: »sauber« – rein, wohlgefällig. 11: Zur Gegen-Lieb HERR jeder Zeit] Zur gegen lieb unnd danckbarkeit.
5,2: in dem mein Hertze wacht] in dem mein hertz erwacht.
6,9: »Orden« – Gemeinschaft.

[8] [Passions-Salve des heiligen Bernhardi /
an die Gliedmassen des Herrn Jesu /]
An das Angesicht des HErrn JEsu

Q: GA 1666/67, S. 20 f. ED: PPM 1656, Nr. 156 (FT Nr. 467). B: Jes. 52,13–53,12.
1,7: »Itzt« – Jetzt. höchst] hoch. »schimpfiret« – verunglimpft, verspottet.
6,5: Haupt] hertz.
7,3: deinem] deinen. 8: geschehe] geschähe.
9,2: So scheide nicht von mir] So scheide mich von mir.
10,6: Glaubens vol] glaubensvoll.

[11] Gib dich zufrieden

Q/ED: GA, 1666/67, S. 26 f. (FT Nr. 474). B: Ps. 37,7.
4,6: »benehmen« – befreien.
9,6: »schickt er zu« – sorgt er dafür.
11,2: »dichten« – erdichten, lügen.

[13] Christliches Trost- und Freuden-Lied / Auß dem 8. Cap. an die Römer

Q: GA 1666/67, S. 38 f. ED: PPM 1653, Nr. 372 (FT Nr. 447). B: Röm. 8.
1,4: »hinter sich« – zurück.
2,4: Mein Freund und Vater sey] Mir gäntzlich günstig sey.
4,2: helles] schönes. 6: strengen Sitz] sternensitz.
5,1: Mein JEsus hat gelöschet] Der, der hat außgeleschet.
7,2: Regieret meinen Sinn] Regiert mir meinen sinn. 3: Vertreibt mir] Vertreibet. 7: »Abba« – Vater (Röm. 8,15).
8,2: Schwachheit] schrecken.
10,1: mein Erbe] und erbe.
11,4: harte] hohe.
12,3: Dich] Gott.
14,4: Kein Angst kein Hertzeleyd] Kein angst und fährlichkeit.

[15] Christliches Freuden-Lied

Q: GA 1666/67, S. 42 f. ED: PPM 1653, Nr. 308 (FT Nr. 426).
12,8: leiblich] Lieblich.

[16] Christliche Zufriedenheit

Q: GA 1666/67, S. 44 f. ED: PPM 1647, Nr. 251 (FT Nr. 395).
1,5: »verlieb« – vorlieb.
2,1: »Du / noch« – weder du noch ein.
4,1: »alber« – einfältig, töricht. 4: beständgen Zeit] Beständigkeit.
10,3: begierlich] begierig.
11,1: »deiner Liebe« – der Liebe zu dir.

[17] Auß dem 119. Psalm Davids

Q/ED: GA, 1666/67, S. 46 f. (FT Nr. 475). B: Ps. 119,19.
4,5: »sich […] schmiegen« – sich verbergen, sich fügen. 7: »Eh' als« – bevor.
10,8: »Stanck und Wust« – Gestank und Schmutz.

[18] Trost-Gesang in Schwermuth und Anfechtung

Q: GA 1666/67, S. 48 f. ED: PPM 1653, Nr. 369 (FT Nr. 445); ED ohne Str. 3.5.9.10.11.12.

1,8: »dämpffen« – ersticken.

2,7: »entzückt« – entrückt.

3,3: »über mir« – über mich.

4,5: »Rantzion« – Lösegeld.

7,1: »tolle« – rasende, törichte.

9,7: »Auffenthalt« – Unterhalt.

12,8: »dichtet« – erdenkt, anordnet.

[25] Morgen-Segen

Q/ED: GA, 1666/67, S. 70 f. (FT Nr. 478).

7,6: »Erschöpffung« – Schöpfung, Erschaffung.

10,6: »Hort« – Schatz.

[26] Abend-Segen

Q/ED: GA, 1666/67, S. 72 f. (FT Nr. 479).

2,1: »Psalter« – harfenähnliches Saiteninstrument.

[27] Der 145. Psalm Davids

Q/ED: GA, 1666/67, S. 74 f. (FT Nr. 480).

3,1: »deucht« – scheint.

7,7: »beruffen« – gerühmt.

14,4: »frist sein Hertz mit Kräncken« – fristet sein Herz mit Kummer.

15,4: »letzt« – zuletzt.

17,1: »abgesagt« – versagt. 4: »Zähren« – Tränen.

[30] Umb Glück und Segen zu allem Christlichen Thun und Vorhaben

Q: GA 1666/67, S. 80 f. ED: PPM 1653, Nr. 321 (FT Nr. 434).
1,2: auf deinen Willen] in deinem willen.
3,1: »Muth« – Stimmung, Verlangen, Zuversicht.
4,1: auch offt ein weiser Mann] auch mancher weiser mann.
6,2: im Himmels Trohn] in deinem thron.
8,5: gut] recht.
11,2: treibs] treib.
13,1: Trit du zu mir] Trit zu mir zu.
14,1: gleich] ja.
17,4: nun] nur.

[31] Befiehl dem HErren deine Wege und hoffe auff ihn / er wirds wol machen

Q: GA 1666/67, S. 82 f. ED: PPM 1653, Nr. 322 (FT Nr. 435). B: Die Strophenanfänge ergeben hintereinander gelesen Ps. 37,5.
6,4: jagt] plagt.
7,3: dein] das. 6: solt] sol.
8,7: Die Sach] Das werck. 8: Die dich] Das dich.
9,8: Fragt Er doch nichts] So frag er nichts.
12,4: dem] den.

[32] Gedult ist euch von nöhten. Auß dem 10. Cap. der Epistel an die Hebreer. v. 35.36.37

Q: GA 1666/67, S. 84 f. ED: PPM 1661, Nr. 375 (FT Nr. 472). B: Hebr. 10,35–37.
2,2: herb' und bittres] herbes, bittres.
3,3: stets] nur.
4,6: Er löst] Erlöst.
6,5: immer hin] immerhin.
9,3: fein] wol.
10,7: GOtt / der hoch erhoben] der im himmel droben.
11,6: an ihr] an ihn.
14,8: alle] alles.

[36] Sorg und sorg auch nicht zu viel / Es geschicht doch was GOtt haben wil

Q: GA 1666/67, S. 92–95. ED: PPM 1653, Nr. 319 (FT Nr. 432).

1,4: zu Wege] zu wercke.
2,3: kleines] kleinstes.
3,1: das] was.
6,1: Will / Hertz] hertz, will.
7,4: hat] hab. 7: »erst« – zuerst, am Anfang.
9,4: die] dein.
10,8: hätt'] hat.
12,8: tröst als liebe] trägt als seine.
14,3: Port] ort. »Port« – Hafen. 4: Sturm und Wind] wind und sturm. 6: Da kan der Mensch alsdann erst sehn] So kan alsdann der mensche sehn.
16,1: von] für. 3: »Muth« – Stimmung.
17,2: »liederlich« – sorglos, leichtsinnig.
18,1: ein] dein.

[38] Trost-Gesang Christlicher Eheleute

Q/ED: GA, 1666/67, S. 98 f. (FT Nr. 481).

2,1: »begehn« – begegnen, vertragen.
5,8: »Tocken« – Puppen, junge Mädchen. »Wocken« – Spinnrocken.

[39] Danck-Lied vor gute Leibes-Gesundheit

Q: GA 1666/67, S. 100 f. ED: PPM 1653, Nr. 500 (FT Nr. 463).

3,6: »Pfül« – Bett, Lager.
4,7: auß-gesetzt] aufgesetzt.
5,8: »Was hätte ich vor frommen« – Was hätte ich für einen Nutzen.
6,6: »darf mein nicht schonen« – bedarf keiner Schonung.
8,7: Würd'] Wolt.

[42] Danck-Lied / vor einen Gnädigen Sonnenschein

Q: GA 1666/67, S. 106 f. ED: PPM 1653, Nr. 411 (FT Nr. 455).
7,3: »Schlack« – Hagelschlag. 6: wunderreichen] wunderlichen.
9,6: stillen] guten.
11,5: Läßt gnadig sich erfinden] Läßt gnädiglich sich finden.

[43] Sommer-Gesang

Q: GA 1666/67, S. 108 f. ED: PPM 1653, Nr. 404 (FT Nr. 454).
1,4: Garten-Zier] gärten zier.
3,2: fleucht] fleugt.
4,3: ihr] die.
5,4: »hart« – nahe.
6,2: Zeucht] Fleucht. 5: Kriegt] Bringt.
7,4: »überflüßig« – im Überfluß.
9,5: reichen] vesten.
10,5: eingestimmtem] unverdroßnem. »eingestimmten« – einstimmigem.
12,1: wil ich gleichwol] gleichwol wil ich.
13,1: nur] mir.
14,3: »bekleiben« – Wurzel fassen, anwachsen, gedeihen.

[45] Christliche Ergebung In Gottes Willen

Q: GA 1666/67, S. 112 f. ED: PPM 1649, Nr. 249 (FT Nr. 393).
1,6: »auffgezogen« – aufgespannt.
2,3: Wann er gleich auch mich] Wenn Er mich auch gleich. 7: den] denn.
4,1: »Auffenthalt« – Erhaltung, Unterhalt.
7,6: allen] alle. 8: Nach seinem Wolgefallen] Das, was Ihm wolgefalle.
9,1: »Ungestüm« – Gewitter, Unwetter.

[48] Der 62. Psalm Davids

Q/ED: GA, 1666/67, S. 118 f. (FT Nr. 484). B: Ps. 62.
7,4: »ruhn« – vertrauen. 7: »noch eins« – noch einmal.

[49] Advent Gesang

Q: GA 1666/67, S. 122 f. ED: PPM 1653, Nr. 81 (FT Nr. 401).
2,1: dir] die.
5,7: auß-kan-sagen] kan außsagen.
6,2: Hertz betrübtes] hochbetrübtes.
8,6: Zum Trost und wahren Heyl] Zu trost und wahrem heyl.
9,3: Ihr Herr] Der HERR.

[52] Weinacht-Gesang

Q: GA 1666/67, S. 128 f.; Str. 4.8.9.17 erstmals in Q. ED: PPM 1653, Nr. 100 (FT Nr. 403).
1,1: Immanuel] Emanuel.
6,4: »bloß« – nackt.
14,4: »schlecht« – schlicht, einfach.

[53] Weinacht-Gesang

Q: GA 1666/67, S. 130 f. ED: PPM 1653, Nr. 104 (FT Nr. 405).
5,1: dem Menschen-Orden] der menschen orden. »Menschen-Orden« – Gemeinschaft der Menschen.
6,2: »Gibt sich an« – erbietet sich. 5 f.: Und bey Gott Vor dem Tod / Heil und Fried erwirbet] Und bey Gott Für den tod Gnad und fried erwirbet.
8,3: Kommt mit grossen Hauffen] Eylt mit grossem haufen. 5: uns] euch.
9,3: Zu den] Zu der.
10,1: findt] fühlt.
14,3: Mich drin ein-zu-hüllen] Mich darein zu hüllen.
15,3: »abfahren« – sterben.

Q: GA 1666/67, S. 132 f. ED: PPM 1653, Nr. 105 (FT Nr. 406).

1,3: stehe] komme.

2,4: stets] gantz.

3,6: Da hat dein Hertze schon bedacht] Da hast du schon bey dir bedacht.

4,1: tieffer] tieffster. 2: wordest] warest.

5,4: »So thu ich was geschehen« – so wiederhole ich das, was ich getan habe.

6,3: süßsten] süssen.

7,5: Fleisch und Bein] Brüderlein.

8,2: »außstreichet« – lobt. 7: »blicken« – leuchten, blitzen.

10,1: ein so] so ein. 6: Seyd' und Purpur] seyden, purpur. 7: Dich] Dis.

11,4: Auff Rosen und Violen] Auf lieblichen violen. »Violen« – Frühlingsblumen, Veilchen. 5: Tulpen] Rosen. 6: frischen] schönen.

12,5: »lieb't« – gefällt. vieleicht] vielmehr. 6: Dir Kindlein mehr] Diß Kindelein.

13,5: Trost und Freud] herrlichkeit. 6: allerhand Beschwerlichkeit] elend und armseligkeit.

15,5: lieber] frommer.

[56] Weinacht-Gesang

Q/ED: GA, 1666/67, S. 136 f. (FT Nr. 486). B: Lk. 2,15. V: *Quem pastores laudavere.*

[58] Neu-Jahr Gesang

Q: GA 1666/67, S. 140 f. ED: PPM 1653, Nr. 118 (FT Nr. 407).

2,4: zu dem] bis zum.

4,4: verwahret] bewahret.

10,4: Frieden-Ströme] freudenströme.

[68] Vom Tod und Sterben. Aus den 90. Psal. Davids

Q/ED: GA, 1666/67, S. 160 f. (FT Nr. 487). B: Ps. 90.
4,6: »ungefehr« – unversehens, plötzlich.

[72] Der betrübte Vater tröstet sich über seinen nunmehr seligen Sohn

Q: GA 1666/67, S. 168 f. (FT Nr. 399). ED: *Trost-Frewd / Bey Creutz-Leid / über Kinder-Abscheid. Aus St. Pauls XIIten Cap. in der II. an die Corinthier Zum Ehr- und Trost-Denckmal Des [...] Herrn Johannis Bercovii [...] hertzliebsten Jüngern Söhnleins: Constantin Andr. Berkous / Sel. gd. Am Sontag Sexag. war der XVII. Febr. des 1650. Jahres / in folgender Stund / nach desselben Volckreich-gehaltener Leichbegängnüß Auff begehr / Gepredigt daselbst / und abgefaßt / von M. Georg Lilien*, Berlin 1650 (VD17 1:021440R), fol. A 2v–A 4r, in den *Dulcia Amicorum Solatia*.
1,2: mirs] mir.
2,1: Wundschen] wüntschens.

[75] Paßion-Lied

Q: GA 1666/67, S. 132 f. ED: PPM 1647, Nr. 119 (FT Nr. 387).
12,6: deinem] diesem.
14,2: »glimpff« – Ehre, Ansehen, guten Ruf.

[79] Oster-Lied

Q: GA 1666/67, S. 186 f. ED: PPM 1647, Nr. 141 (FT Nr. 388).
1,3: grossen] grossem.
3,1: aus] auf.
7,6: und Noth] durch Noth.

[80] Pfingst-Lied

Q: GA 1666/67, S. 188 f. ED: PPM 1653, Nr. 190 (FT Nr. 413). Zwischen Str. 8 und Str. 9 hat ED eine zusätzliche Strophe: »Erhebe dich und steure / Dem hertzleid auf der erd; / Bring wieder und erneure / die wolfahrt deiner heerd. / Laß blühen wie zuvorn / Die länder, so verheeret, / Die kirchen, so zerstöret / Durch krieg und feuerszorn.« Str. 11 erstmals in Q. Die Abschlussstrophe in ED lautet: »Richt unser gantzes leben / Allzeit nach deinem sinn, / Und wann wirs sollen geben / Ins todes rachen hin, / Wanns mit uns hie wird aus, / So hilf uns frölich sterben / Und nach dem tod ererben / Des ewgen lebens haus«.

1,1: »ZEuch« – Zieh. meinen] deinen.

2,1: mir] mich.

9,1: »Policeyen« – Regierungen, Verwaltungen. 2: unsrer] unsers. 3: Sie] er.

[85] Morgen-Lied

Q: GA 1666/67, S. 198 f. ED: PPM 1647, Nr. 1 (FT Nr. 380).

1,4: Den] Dem.

2,1: »Heint« – Vergangene Nacht. 2: umbfangen] ümbgeben. 4: verwehret] gewehret.

5,3: Von] Für.

6,3: Farr und Widder] und mein Wieder. »Farr« – Stier.

7,3: Und weissest] Denn du weist. 4: nicht] nichts.

9,3: Mittel] Mittl. »Mittel« – Mitte.

10,1: Mit Segen mich beschütte] Mich segne, mich behüte.

[86] Morgen-Gesang

Q: GA 1666/67, S. 200 f. ED: PPM 1653, Nr. 14 (FT Nr. 400).

2,2: gegeben] hat gäben.

3,3: Hand] Händ.

4,1: Feuerflammen] feuersflammen.

9,4: »Zukunfft« – Ankunft.

[87] Abend-Lieder

Q: GA 1666/67, S. 202 f. ED: PPM 1647, Nr. 15 (FT Nr. 381).
3,2: Sternlein] Sternen. 4: So / so] Also.
4,1: der eilt] eylt nun. 4: Die zieh ich aus / dargegen] Die ich zieh auß; Dagegen.
6,2: Geht / geht] Geht hin.
7,2: verschlossen] geschlossen.
8,3: »Küchlein« – kleinen Küken.
9,2: heute] heinte. 3: Kein] Ein. 4: ruhig] selig. 6: Helden] Engel.

[93] Danck-Lied vor die Verkündigung des Friedens

Q: GA 1666/67, S. 214 f. ED: PPM 1653, Nr. 401 (FT Nr. 453).
1,10: und dancke Gott] Zu deinen GOtt.
2,4: »schnöde« – schlecht, wertlos. 12: »Geschrey« – Lärm, Getöse.
4,10: tapffren Helden Schweiß] blutgen heldenschweiß.
5,2: »die Thränenbach« kann sowohl feminin Singular als auch maskulin Plural sein.
6,3: letzte] harte.

[105] Der 85. Psalm Davids

Q: GA 1666/67, S. 218 f. ED: PPM 1653, Nr. 358 (FT Nr. 440).
2,7: anitzo] betrübt und. »anitzo« – jetzt. »kräncket« – schwach macht, quält, verletzt.
6,2: stillt] stellt. 4: möchten] mögen.
7,6: allenthalben] überalle.

[109] Der 146. Psalm Davids

Q: GA 1666/67, S. 246 f. ED: PPM 1653, Nr. 231 (FT Nr. 419). B: Ps. 146.
2,2: euch] sehr.

3,6: »Mit« – Um.
5,3: »die Geschäffte« – das Geschaffene, die Schöpfung.
6,3: All] Alln.
8,4: »aufgericht« – aufrecht.
9,6: im] mit.
10,3: ist ewger] allein ist. 7: ehre] mehre.

[110] Lob-Gesang

Q: GA 1666/67, S. 248 f. ED: PPM 1653, Nr. 223 (FT Nr. 416).
1,2: frölich] danckbar.
2,3: »hin und wieder« – immerzu. 4: gedeckt] bedeckt.
4,7: Todes Reich] todes macht.
5,3: »zustehen« – zustoßen. 7: »hebt mir an« – hebt an, mir beizulegen; verleiht.
6,4: »hält« – erhält.
8,7: ist] war.
11,2: Sinn entgehn] sinne gehn. 3: »masse« – Maß, Grenze.

[111] Lobgesang

Q: GA 1666/67, S. 250 f. ED: PPM 1653, Nr. 234 (FT Nr. 420).
6,3: edlen / werthen] wehrten, edlen.
8,4: hertzlich] treulich.
10,4: »reicht« – gereicht.
11,3: Zähr-] Zähr. »Zährlein« – Tränchen. 4: »hebst« – setzt ein Ende.
12,3: in des Himmels-Haus] in das himmelhaus.
16,4: »zurück gekehrt« – umgewendet.
17,1: »was versehn« – etwas übersehen, einen Fehler begangen.
18,2: nichts] nicht. 3: in] im. 4: »ewig« – in der Ewigkeit.

[114] Nun dancket alle Gott

Q: GA 1666/67, S. 256 f. ED: PPM 1647, Nr. 181 (FT Nr. 390). B: Sir. 50,24.
3,1: von] vom.
6,4: in unserm] zu allem.
8,3 f.: Und bleib auch / wenn wir von der Erd /Abscheiden / unser theil.] Und wenn wir scheiden von der Erd, / Verbleib er unser Theil.

[115] Dancklied Nach außgestandenem grossen Kummer und Betrübniß

Q: GA 1666/67, S. 258 f. ED: PPM 1653, Nr. 236 (FT Nr. 422).
4,7: zum] zu.
5,3: »beleugst mir« – täuschst mich lügenhaft über, verbreitest mir gegenüber Lügen über.
11,6: Hülffe] rettung.
13,7: Ehr] lob.
14,3: »itzo« – jetzt.

[117] Von der heiligen Tauffe

Q/ED: GA, 1666/67, S. 262 f. (FT Nr. 492).
4,5: »Schlav« – Sklave.
10,1: »schlechtes« – schlichtes, gewöhnliches.
12,4: »Orden« – Ordnung, Anordnung.

[118] Vom heiligen Abendmahl

Q/ED: GA, 1666/67, S. 264 f. (FT Nr. 493).

[119] Ich weiß das mein Erlöser lebt

Q/ED: GA, 1666/67, S. 266 f. (FT Nr. 494). B: Hiob 19,25–27.

4,3: »itzo« – jetzt.

5,4: »Zumalmet« – zermalmt.

9,2: »blöde« – scheu, furchtsam.

Nachwort

Die deutsche Dichtung des Barock ist reich an klingenden Namen. Keiner von ihnen aber klingt bis in die Gegenwart so vernehmbar wie der Name Paul Gerhardts. Gerhardt ist der einzige Dichter jener Epoche, von dem poetische Schöpfungen heute noch über Spezialistenkreise hinaus geläufig sind. Ja, einige seiner Lieder gehören zu den bekanntesten poetischen Texten der deutschen Literatur überhaupt, und das bei einem Œuvre, das von geringem Umfang und wenig spektakulär ist.

Ähnlich verhält es sich mit dem Leben seines Autors, es verlief glanzlos und hat nur schwache biographische Spuren hinterlassen. Paul Gerhardt war Sachse. Er wurde am 12. März 1607 in Gräfenhainichen nahe Wittenberg geboren, wo seine durchaus angesehene Familie schon seit Generationen lebte. Sein Vater war Gastwirt und zeitweise Bürgermeister der kleinen Stadt, seine Mutter Tochter und Enkelin evangelisch-lutherischer Pastoren. Wie ernst die lutherische Konfession in der Familie genommen wurde, zeigt sich daran, dass der Großvater wegen des Bekenntnisses zu ihr in einer Phase der Annäherung Kursachsens an den Calvinismus für einige Zeit die Pfarrstelle verlor. Früh Waise geworden, besuchte Gerhardt von 1622 bis 1627 die Fürstenschule zu Grimma, neben Meißen und Schulpforta eine der drei berühmten Schulstiftungen des Kurfürsten Moritz von Sachsen, an denen die Bildungselite des Landes nach humanistisch-lutherischen Grundsätzen erzogen wurde. 1628, einundzwanzigjährig, ging Gerhardt zum Studium der freien Künste (*artes liberales*) und der Theologie an die Landesuniversität Wittenberg, eine der

 Hochburgen der lutherischen Orthodoxie. In Wittenberg verbrachte er die nächsten 15 Jahre seines Lebens. Über sein Studium selbst, das im Lauf dieser Jahre mit einer Hauslehrertätigkeit verbunden oder durch sie abgelöst wurde, wissen wir wenig. Es hat in Gerhardt, wie sein späteres Leben zeigt, nicht nur die unverbrüchliche Zugehörigkeit zum strikten Luthertum in den Bahnen der Konkordienformel befestigt, sondern ihm auch ein solides theologisches Fundament im Rahmen der damaligen Schultheologie vermittelt. 1643 verließ er Kursachsen und zog in das nördlich angrenzende Kurfürstentum Brandenburg, nach Berlin.

Was Gerhardt zu diesem Wechsel bewog, liegt im Dunkeln. Jedenfalls begann damit die brandenburgische Phase in der Biographie des nicht mehr ganz jungen Sachsen. Sie währte ein Vierteljahrhundert, und in ihr spielten sich die beiden aufsehenerregendsten Vorgänge seines Lebens ab, sein Wirken als Dichter und sein theologisch-kirchenpolitischer Zusammenstoß mit dem Landesherrn. Die ersten acht Jahre verbrachte Gerhardt aber auch hier fern der Öffentlichkeit, möglicherweise übernahm er dann und wann pfarramtliche Vertretungen, vor allem aber war er in der brandenburgischen Residenzstadt wohl wiederum als Hauslehrer tätig, und zwar bei Andreas Barthold (Berthold), Jurist am Kammergericht, in dessen Haus er auch wohnte. Dadurch kam er in Kontakt mit gebildeten und kulturell interessierten Kreisen des Berliner Bürgertums, zu denen Mitglieder des Magistrats, Juristen, Pfarrer und Gymnasiallehrer gehörten. Wie überall im aufstrebenden Bürgertum der protestantischen Städte jener Zeit pflegte man auch in Berlin gebildete Geselligkeit von Haus zu

Haus, und zu den Blüten, die dieser lebendige Austausch trieb, gehörte die mit mehr oder minder großem Geschick geübte Gelegenheitsdichtung. Ob zu Taufen, Hochzeiten und Beerdigungen oder zum Antritt eines Amtes, zu jedem Anlass verfasste und überreichte man Gedichte. Gerhardt war mit von der Partie. Die beiden ersten deutschen Gedichte, die von ihm erhalten sind, entstanden zu Hochzeiten im Berliner Kreis.

Doch der sächsische Hauslehrer steuerte nicht nur Gelegenheitspoesie zum geselligen Austausch bei. Aus diesen Jahren stammen auch seine ersten geistlichen Lieder, darunter einige der bis heute bekanntesten wie *Nun ruhen alle Wälder* (GA Nr. 87), *Nun laßt uns gehn und tretten* (GA Nr. 58), *Ein Lämmlein geht und trägt die schuld* (GA Nr. 1) und *Auf, auf mein Herz, mit Freuden* (GA Nr. 79). Wenn diese Liedschöpfungen auch nicht Teil des bürgerlich-geselligen Verkehrs waren, ist es vielleicht doch kein Zufall, dass auch sie auf Begegnung und Austausch zurückgingen, auf Begegnung und Austausch nämlich mit Johann Crüger (1598–1662), dem Kantor an Berlins lutherischer Hauptkirche St. Nikolai. Wie Gerhardt und Crüger zusammentrafen, ist unbekannt. Vielleicht gehörte der Kantor, zugleich Lehrer am berühmten Berliner Gymnasium zum Grauen Kloster, zu demselben geselligen Kreis, vielleicht begegnete man sich anlässlich einer Predigtvertretung Gerhardts in St. Nikolai. Wir wissen auch nicht, wie Crüger auf Gerhardts dichterische Fähigkeiten aufmerksam wurde. Hatte er Gelegenheitsgedichte aus dessen Feder gelesen, darin ein größeres Potential wahrgenommen und den Dichter zur Schöpfung von Liedtexten ermuntert? Hatte Gerhardt dem Kantor den einen oder anderen Liedtext gezeigt, den er im Stillen gedichtet hatte? Wie auch immer – der Kontakt mit Crüger führte Gerhardts dichterische Kraft auf ihr eigentliches Feld und zur künstlerischen Vollendung, er machte Gerhardt zum Dichter geistlicher Lieder.

Crüger war nicht nur Kantor, sondern auch ein Komponist von hohen Graden. Seine kompositorische Tätigkeit konzentrierte sich ganz auf die Schaffung von Liedmelodien und Liedsätzen. Crügers Ziel war es, den Gemeindegesang zu beleben und zu bereichern. Da das auch durch die Erweiterung des Liedfundus um zeitgenössische Lieder geschehen sollte, gab Crüger selbst ein Gesangbuch heraus, in dem neben Luther und anderen Vertretern der Reformationsepoche auch Dichter der jüngeren Zeit vertreten waren; es handelt sich um das bedeutendste Gesangbuch des 17. Jahrhunderts, das von seiner zweiten Auflage im Jahre 1647 an den Titel *Praxis Pietatis Melica* (Übung der Frömmigkeit in Gesängen) trug. Schon in der ersten Auflage dieses bewusst lutherischen Werks hatte Crüger großes Gespür für die Qualität geistlicher Dichtung bewiesen und unter den Jüngeren so bedeutende Dichter wie Johann Heermann und Johann Franck aufgenommen. In der zweiten Auflage von 1647 erschienen erstmals Lieder von Paul Gerhardt, 18 an der Zahl, darunter die oben genannten. Von Auflage zu Auflage kamen nun mehr Lieder aus Gerhardts Feder hinzu – in der zehnten Auflage von 1661 waren es schließlich 90 und damit drei Viertel seines gesamten heute bekannten Liederwerks. Die Mehrzahl wurde mit bereits vorliegenden, z. T. schon Gerhardt selbst vorschwebenden »Lehnmelodien« versehen, 21 mit neuen Melodien Crügers, unter ihnen die bis heute so erfolgreichen

Weisen zu *Wie sol ich dich empfangen* (GA Nr. 49), *Frölich sol mein Hertze springen* (GA Nr. 53), *Auf, auf, mein Herz, mit Freuden* (GA Nr. 79) und *Lobet den Herren, alle die ihn fürchten* (*ehren*) (GA Nr. 86). Der Nikolaikantor war damit nicht nur Gerhardts Entdecker und erster Publizist, sondern auch sein erster kongenialer Komponist. Nicht zu Unrecht wurde die liedgeschichtliche Sternstunde, die die Zusammenarbeit dieser beiden darstellte, mit den Symbiosen von Wolfgang Amadeus Mozart und Lorenzo da Ponte, Franz Schubert und Wilhelm Müller oder Richard Strauss und Hugo von Hofmannsthal verglichen.

Es gibt keinen Beleg dafür, dass der mittlerweile ins fünfte Lebensjahrzehnt gelangte Gerhardt mit seinem Berliner Leben unzufrieden geworden wäre. Doch als sich 1651 die Möglichkeit bot, den Beruf zu ergreifen, auf den einst sein Studium angelegt gewesen war, griff er zu. Er erhielt, nach seiner Ordination in Berlin, eine Pfarrstelle im unweit der Residenzstadt gelegenen Mittenwalde, genauer gesagt, wurde er dort Propst, d.h. Pfarrer mit Aufsichtsfunktion für die Gemeinden ringsum. Damit war er erstmals wirtschaftlich unabhängig, was ihm erlaubte, die Tochter seines bisherigen Hausherrn, Anna Maria Barthold, zu heiraten. Über Gerhardts Jahre als Mittenwalder Pfarrer ist wenig bekannt. Jedenfalls dichtete er auch in der Provinz und belieferte Crüger weiterhin mit Liedtexten – möglicherweise war diese Zeit sogar seine reichste Schaffensperiode. Lange blieb er freilich nicht in der kleinen Stadt, schon nach sechs Jahren, 1657, kehrte er fünfzigjährig nach Berlin zurück und wurde nachgeordneter Pastor (Diakonus) an der Kirche St. Nikolai. Unter dem Gesichtspunkt der kirchlichen Hierarchie war der Schritt gegenüber der bisherigen

 Position ein Abstieg, doch die größere Bedeutung dieser Stadt und dieser Kirche wog das allemal auf. Möglicherweise lockte auch die Aussicht, an derselben Kirche tätig zu sein wie Johann Crüger.

Auch über Gerhardts Pfarrtätigkeit in Berlin ist wenig bekannt. Er war offenbar ein stiller und ebenso gewissenhafter wie beliebter Pastor; seine Lieder, die sich weiterhin vermehrten, verschafften ihm Popularität auch über die Gemeinde hinaus. Doch die zweite Berliner Phase schloss dramatisch – und über diese Vorgänge, an deren Ende der Abschied von Kurbrandenburg und die Rückkehr nach Sachsen stehen sollten, sind wir genauer informiert als über alle anderen Ereignisse in Gerhardts Leben. Der Diakonus von St. Nikolai geriet, wie andere lutherische Pastoren des Landes und zumal der Residenzstadt, in die Mühlen der Religionspolitik des Großen Kurfürsten Friedrich Wilhelm I. (1640–1688).

Hintergrund dieses Dramas waren die konfessionellen Verhältnisse in Brandenburg. Das Kurfürstentum war seit Durchführung der Reformation 1539/40 lutherisch. In der zweiten Hälfte des 16. Jahrhunderts hatte einer seiner Kurfürsten gar zu den treibenden Kräften bei der Erarbeitung der Konkordienformel, der letzten lutherischen Bekenntnisschrift (1577), gehört; dieses strikt gegen die reformierte Theologie und vermittelnde Positionen gerichtete Dokument war seither verbindliche Bekenntnisgrundlage des Territoriums und verpflichtende Basis der Ordination seiner Amtsträger. Doch 1613 konvertierte Kurfürst Johann Sigismund, aus persönlicher Überzeugung ebenso wie aus politischem Interesse, zur reformierten Kirche. Die empörte Bevölkerung blieb lutherisch, was der Herrscher ausdrücklich zusicherte. Aber Johann Sigismund wie seine ebenfalls reformierten Nachfolger bemühten sich nicht nur darum, ihre neue Konfession zu stärken, indem sie die Schlüsselstellen des Kurfürstentums mit Reformierten besetzten und bevorzugt reformierte Siedler im Land aufnahmen. Sondern sie arbeiteten auch darauf hin, die konfessionelle Spaltung ihres Territoriums zu überwinden und die theologischen und praktischen Gegensätze zwischen Lutheranern und Reformierten abzubauen – Fernziel sollte schließlich die im 19. Jahrhundert verwirklichte Union zwischen beiden Konfessionen sein.

Gerhardts Kurfürst Friedrich Wilhelm strich darum 1656 kraft landesherrlichen Summepiskopats die Konkordienformel aus der Liste der verbindlichen und bei der Ordination zu unterzeichnenden Bekenntnisschriften seines Territoriums. 1662 erließ er ein sog. Toleranzedikt, in dem er die lutherischen Theologen des Landes anwies, kontroverstheologische Auseinandersetzungen zu unterlassen und sich auf – vom Fürsten definierte – wichtigere Lehrpunkte zu beschränken. Zugleich wurde den Landeskindern untersagt, weiterhin im sächsischen Wittenberg, Hochburg der lutherischen Orthodoxie, Philosophie und Theologie zu studieren. Außerdem lud Friedrich Wilhelm zu einem ökumenischen Dialog zwischen lutherischen und reformierten Theologen aus Berlin ein. Dieses »Berliner Religionsgespräch« fand 1662 und 1663 tatsächlich in siebzehn Gesprächsrunden statt, brachte aber keine Annäherung und wurde folglich ergebnislos abgebrochen. Daraufhin zog der Kurfürst strengere Saiten auf. 1664 drohte er in einem zweiten »Toleranzedikt« für den Fall des Ungehorsams gegen das erste Edikt mit Amtsenthebung. Zugleich gab er theologische Richtlinien heraus, die zwischen den Lehren beider protestantischer Konfessionen durch Relativierung kontroverser Punkte vermitteln sollten. Kurz darauf forderte er von den Theologen des Landes die Unterschrift unter einen Revers, der den Kanzel-Elenchus untersagte, d.h. die öffentliche Kritik an der anderen Konfession in der Predigt. Wer nicht unterschrieb, sollte sein Amt verlieren, was sogleich an einigen Exempeln vollzogen wurde. Betroffen war schließlich auch Paul Gerhardt.

Der Diakonus von St. Nikolai hatte sich nicht durch konfessionelle Streitbarkeit hervorgetan. So unverrückbar er auf dem Boden der Konkordienformel stand, auf die er ordiniert worden war, hatte er die darin enthaltenen Abgrenzungen doch offenbar nicht offensiv von der Kanzel verkündet. Auch während des Berliner Religionsgesprächs trat er nicht besonders hervor. Allerdings verfasste er hinter den Kulissen eine Reihe einflussreicher Voten, in denen er unmissverständlich klarmachte, dass es in seinen Augen einen theologischen Ausgleich mit den Reformierten nicht geben könne. »Als solche« (*qua tales*), also insofern – allerdings auch nur insofern! – sie Reformierte seien, könne er sie nicht als Mitchristen betrachten. Auf diesem Hintergrund kam für Gerhardt eine Unterschrift unter den kurfürstlichen Revers nicht in Frage. Daraufhin wurde ihm im Februar 1666 die Amtsenthebung mitgeteilt. Eine Welle der Sympathie mit dem abgesetzten Diakonus ging durchs Land. Berliner Bürger und Magistrat setzten sich ebenso wie der märkische Adel in mehreren Eingaben beim Kurfürsten dafür ein, dass der beliebte Pastor und Liederdichter im Amt bleiben könne. Auch jenseits der Grenzen Brandenburgs erregte der Fall Aufmerksamkeit, auswärtige Adlige wollten Gerhardt unter ihre Fittiche nehmen.

Friedrich Wilhelm war schließlich bereit, Gerhardt die Unterschrift unter den Revers zu erlassen, in der Erwartung, dieser werde sich auch ohne förmliche Verpflichtung an die Edikte, die er wohl nicht recht verstanden habe, gebunden wissen. Einen Moment lang schien es, als werde Gerhardt die goldene Brücke beschreiten, für drei Wochen nahm er die Arbeit wieder auf. Doch genaueres Nachdenken über die im kurfürstlichen Zugeständnis implizierten Bedingungen seiner Wiedereinsetzung veranlasste ihn, die Amtsgeschäfte erneut ruhen zu lassen. Anders als in dem Angebot suggeriert, hatte er den Kurfürsten sehr wohl verstanden und konnte ihm »ohne Verletzung seines armen Gewissens« in der Sache nicht folgen. Noch bis zum Jahre 1668 blieb er, ohne amtlich tätig zu sein, in Berlin, immer wieder bedrängt nachzugeben und seinerseits auf ein Nachgeben des Kurfürsten hoffend.

Zu Gerhardts Gunsten wurden in jenen Jahren der Auseinandersetzung nicht nur Eingaben ins Feld geführt, sondern auch ein Zeugnis anderer Art, nämlich die erste selbständige Ausgabe praktisch all seiner Lieder. Sie wurde von Johann Georg Ebeling (1637–1676) veranstaltet, der nach Crügers Tod 1662 die Kantorenstelle an St. Nikolai übernommen hatte. Ebeling gab in den Jahren 1666 und 1667 unter dem Titel *Pauli Gerhardi Geistliche Andachten* zehn Faszikel von je zwölf Liedern Gerhardts heraus, die er fast sämtlich mit eigener Melodie und alle mit sechsstimmigem Satz versehen hatte. Darunter waren die Lieder aus der *Praxis Pietatis Melica*, aber auch solche, die sich in diesem Gesangbuch noch nicht fanden. Wenn der neue Kantor nicht nur zu neuen Gedichten Gerhardts eigene Melodien komponierte, sondern auch zu der großen Mehrzahl, für die es bereits – etwa von Crüger – Melodien gab, dann tat er das deshalb, weil die Stile seines Vorgängers und der anderen in der *Praxis Pietatis Melica* vertretenen Tonsetzer mittlerweile altmodisch erschienen und er Gerhardts Dichtungen in einem moderneren und vielfältigeren Musikstil vertonen wollte. Ebelings bekannteste Melodien, die zu *Die güldne Sonne* (GA Nr. 25) und zu *Du, meine Seele, singe* (GA Nr. 109), machen in ihrem bewegten Rhythmus und ausgedehnten Tonspektrum deutlich, was das hieß.

Aufschlussreich ist das Datum, zu dem der erste Faszikel der *Geistlichen Andachten* erschien: just, als sich der Berliner Kirchenstreit zuspitzte, wenige Tage nach Gerhardts Amtsenthebung. Aufschlussreich ist auch, dass der Dichter selbst für Ebeling nicht nur neue Lieder schuf, sondern dass er für die *Geistlichen Andachten* auch die bereits vorliegenden noch einmal durchsah und verschiedentlich korrigierte. So stellte er mitten in der Auseinandersetzung mit dem Kurfürsten eine autoritative Gesamtausgabe her. Den Zweck macht die Vorbemerkung Ebelings zum ersten Faszikel deutlich. Dort heißt es, der Autor habe mit dieser Ausgabe eine »gantze Theologia Thetico Melica« schaffen wollen, eine dogmatische Theologie in Liedern. Der Dichter, der nicht mehr predigen durfte, wie es ihm richtig schien, sorgte also mit Hilfe von Ebelings Liedausgabe dafür, dass die orthodoxe Theologie als gesungene unter die Leute kam.

Ebelings *Geistliche Andachten* sind ein Glücksfall für die Nachwelt, der sie Gerhardts Liedœuvre gesammelt und in einer vom Dichter selbst verantworteten Ausgabe übermitteln. Im Berliner Kirchenstreit dienten sie dazu, Gerhardts Position noch einmal in seinem höchsteigenen Medium zu markieren. Sie taten das umfassend und endgültig. Weitere Lieder schuf Gerhardt nicht mehr. Einen Schlussstrich zog er auch in anderer Hinsicht: Er verließ das Kurfürstentum. 1669 ging er zurück ins Sächsische, wo das Luthertum der Konkordienformel unangefochten galt. Er übernahm eine Stelle als Archidiakonus, d.h. wiederum als Pfarrer mit Aufsichtsfunktionen, im zum Herzogtum Sachsen-Merseburg gehörigen Lübben. Von seiner Tätigkeit in dem Spreewaldstädtchen ist außer den Einträgen in den Kirchenbüchern, die von seinen Amtshandlungen zeugen, nichts bekannt. Persönlich lebte er vereinsamt, da seine Frau noch in Berlin gestorben und von den fünf Kindern nur eines über das Säuglingsalter hinausgekommen war. Neunundsechzigjährig starb er am 27. Mai 1676 und wurde in der Lübbener Kirche beigesetzt. Zuvor hatte er seinem Sohn Paul noch ein Testament mit auf den Weg gegeben, das wie eine Zusammenfassung seines eigenen Lebens erscheint:

> Es weiß mein Sohn, daß ich ihn von seiner zarten Kindheit an dem Herrn meinem Gott zu eigen gegeben, daß er ein Diener und Prediger seines heiligen Wortes werden soll. Dabei soll er nun bleiben und sich nicht daran kehren, daß er nur wenige gute Tage dabei haben möchte, denn da weiß der liebe Gott schon Rat zu und kann das äußerliche Trübsal mit innerlicher Herzenslust und Freudigkeit des Geistes genugsam ersetzen. – Die heilige Theologie studiere in reinen Schulen und auf unverfälschten Universitäten. [...] Summa, bete fleißig, studiere was Ehrliches, lebe friedlich, diene redlich und

 bleibe deinem Glauben und Bekenntnis beständig, so wirst du einmal auch sterben und von dieser Welt scheiden willig, fröhlich und seliglich. Amen.[1]

Gerhardts Haltung in dem Konflikt, der ihn schließlich zum Rückzug von der Stätte seines erfolgreichsten Wirkens veranlasste, hat ihm einerseits den Ruhm heldenhafter Überzeugungstreue und andererseits den Vorwurf starrköpfiger theologischer Rechthaberei eingetragen. Doch der Berliner Diakonus war schlicht ein typischer Vertreter der lutherischen Orthodoxie, wie es seiner familiären Herkunft und seiner akademischen Prägung entsprach. Die christliche Wahrheit, von der er überzeugt und die zu vertreten er als ordinierter Pastor besonders verpflichtet war, ließ sich in seinen Augen nicht von der Lehre ablösen, in der die lutherischen Bekenntnisschriften und die an sie gebundene Theologie sie formuliert hatten. So musste ihm der Zwang zur Relativierung, der mit der kurfürstlichen Konfessionspolitik gegeben war, unerträglich sein. Auch mit seiner Haltung gegenüber der Obrigkeit stand er in der Tradition der lutherischen Orthodoxie, der die Kritik am landesherrlichen Kirchenregiment seit dem 16. Jahrhundert in die Wiege gelegt war – mit einer großen Zahl von Amtsentsetzungen schon zur damaligen Zeit. Dem Anspruch Friedrich Wilhelms auf Herrschaft über die Kirche konnte Gerhardt vor diesem Hintergrund nicht anders begegnen. Dem brandenburgischen Kurfürsten aber, in dessen relati-

1 Zit. nach der modernisierten Fassung in Paul Gerhardt, *Dichtungen und Schriften*, hrsg. von Eberhard v. Cranach-Sichart, München 1957, S. 492 f.

vierendem Umgang mit der kirchlichen Lehre und absolutistisch gesteigertem Zugriff auf die Kirche sich schon ein neues Zeitalter andeutete, musste der Diakonus von St. Nikolai als unverständliches Relikt einer überholten Epoche erscheinen.

Gerhardts in die berufliche Niederlage mündende Auseinandersetzung mit dem Kurfürsten und seine dichterische Tätigkeit sind die beiden bemerkenswerten und gut dokumentierten Daten seiner Biographie. Auf den ersten Blick haben sie wenig miteinander zu tun, scheint der Konflikt doch nichts weiter zu sein, als eine unvermittelte Störung des ruhigen poetischen Schaffens. Doch schon die strategische Plazierung der *Geistlichen Andachten* und die Kennzeichnung des hier ins Feld geführten Liedercorpus als »Theologia Thetico Melica« widersprechen diesem Eindruck. Konflikt und Poesie waren offensichtlich auf demselben Boden herangewachsen, dem der lutherischen Orthodoxie.

Lutherische Orthodoxie, das war die – unter Zuhilfenahme philosophischer Instrumente durchgeführte – systematische, Zusammenhang wie Implikationen herausarbeitende Auslegung der Bibel im Sinne der Wittenberger Reformation. Ihren Fluchtpunkt bildet die Darlegung von der Erlösung durch Christus, die dem Menschen im Evangelium (»Wort«) mitgeteilt und allein im Vertrauen des Glaubens empfangen und gewiss werde. Die theologische Lehre hat danach die Aufgabe, die Mitteilung des Evangeliums in der biblischen Spur zu halten und vor Verfälschungen, die den Glauben auf eine trügerische Basis verweisen, zu schützen; ihr kommt also nur dienende Funktion zu.

Aber in dieser Funktion ist sie auch notwendig, denn nur ein Glaube, der auf verlässlicher Basis ruht, kann der Erlösung gewiss sein und ein existentiell geborgenes, in guten wie in bösen Zeiten zuversichtliches und im Alltag handlungsfähiges, kurz, ein wahrhaft frommes Leben begründen. Die Komplementarität von Lehre und Glauben, von Theologie und frommem Leben, von der die lutherische Orthodoxie ausging, zeigt sich darin, dass ihre Zeit zugleich die klassische Epoche der lutherischen Erbauungsliteratur war; was sie an Andachts- und Gebetbüchern, geistlicher Dichtung und geistlichen Liedern hervorbrachte, ist kaum zu überblicken, wovon – abgesehen von Paul Gerhardt – Namen wie Johann Habermann, Johann Gerhard, Martin Moller, Philipp Nikolai, Johann Heermann, Johann Rist, Andreas Gryphius und viele andere zeugen. Keines unter den erbaulichen Werken aber war so erfolgreich wie die *Vier Bücher vom wahren Christentum* (1605–1610) und das *Paradiesgärtlein* (1612) des in der Frömmigkeitsgeschichte des Luthertums ungemein einflussreichen, von den akademischen Vertretern der Orthodoxie allerdings nicht ohne Argwohn betrachteten Johann Arndt (1555–1621).

»Dogmatische Theologie in Liedern« im Sinne der lutherischen Orthodoxie ist Gerhardts Poesie nicht etwa, weil hier die einzelnen Themen der orthodoxen Theologie in ihrem systematischen Zusammenhang abgehandelt würden. Als Exponenten dieser theologischen Strömung erweisen sich Gerhardts Lieder vielmehr zum einen darin, dass auch sie Auslegung der Bibel im Geist der Wittenberger Reformation sind. Fast die Hälfte von Gerhardts Liedern hat einen biblischen Text zur Vorlage – in Nachfolge des von Martin Luther geschaffenen Psalmliedes vorzugsweise einen Psalm. Aber auch die übrigen Lieder sind durchsetzt von biblischen Zitaten und Anspielungen. Dass Gerhardt durchweg die Übersetzung Luthers benutzte, machte und macht dort, wo diese Übersetzung der geläufige Text war und ist, die Bibelsättigung seiner Lieder zu einer ganz unmittelbaren Hörerfahrung.

Gerhardts Lieder sind zum anderen nicht einfach Nacherzählungen biblischer Vorlagen in anderen Worten, sondern dichterische Auslegungen. Als solche bringen sie spezifische Anliegen poetisch zur Geltung, die die Orthodoxie lehrhaft einschärft, womit die Lieder auch in dieser Hinsicht deren Repräsentanten darstellen. Die Erlösung durch Christus allein und die Unfähigkeit des Menschen, dazu beizutragen, der Empfang der Erlösung im Glauben allein und die damit gegebene unbedingte Erlösungsgewissheit, die reiner Güte entspringende, verlässliche Fürsorge Gottes für jedes Geschöpf – diese und andere Zentrallehren der lutherischen Orthodoxie finden ihren deutlichen Niederschlag in Gerhardts Poesie. Der Dichter entwickelt darin regelrechte argumentative Linien, in denen sich die Entfaltung solcher Themen in der dogmatischen Lehre spiegelt – man vergleiche etwa das Adventslied *Wie sol ich dich empfangen* (GA Nr. 49) oder das Weihnachtslied *Frölich sol mein Hertze springen* (GA Nr. 53); allerdings sind diese Linien innerhalb der Lieder nur sichtbar, wenn deren Strophen ungekürzt in ihrer ganzen Fülle wiedergegeben werden. Schließlich lassen sich in den Liedern theologische Abgrenzungen erkennen, die der zeitgenössischen orthodoxen Dogmatik entsprechen, indirekte durch ihre positive konfessionelle Prägung, aber auch direkte, wie etwa in dem Abendmahlslied *Herr Jesu, meine Liebe* (GA Nr. 118), das die leibliche Präsenz Christi im Sakrament in unmissverständlicher antireformierter Diktion zur Geltung bringt.

Ist für die lutherische Orthodoxie die theologische Lehre kein Selbstzweck, sondern im Dienst des Glaubens stehend, so gilt das in besonderer Weise für Gerhardts Lieder. Deren Ziel ist die Aneignung der religiösen Botschaft zur Vergewisserung, Ermunterung und Tröstung. Damit gehören sie in den breiten Strom der Erbauungsliteratur jener Zeit. Es geht ihnen um das Leben des Glaubenden aus der biblischen Wahrheit, die sie auslegen. So ist es in vielen Liedern das Ich des Glaubenden, das sich hier ausspricht oder das hier angesprochen wird. Der Singende bringt, was er glaubt, als persönliche Erfahrung zur Sprache – »ISt GOtt für mich / so trete / Gleich alles wider mich: / So offt ich ruff und bethe / Weicht alles hinter sich« (GA Nr. 13). Oder er fordert sich selbst und seine Mitchristen auf wahrzunehmen, welchen Trost, welche Freude das, was sie glauben, für ihr Leben bedeutet: »BEfiehl du deine Wege / Und was dein Hertze kränckt / Der allertreusten Pflege / Deß / der den Himmel lenckt« (GA Nr. 31) – »GEh aus mein Hertz und suche Freud / In dieser lieben Sommerzeit / An deines Gottes Gaben« (GA Nr. 43). Damit wird, was die Bibel erzählt und zuspricht, zur gegenwärtigen Lebenswirklichkeit des Singenden, er ist beim Wirken des Schöpfers, bei der Geburt Christi, bei seiner Kreuzigung und Auferstehung dabei und erfährt es hier und heute als Geschehnis für sich selbst: »ICh steh an deiner Krippen hier / O Jesulein mein Leben« (GA Nr. 54) – »O Welt sieh hier dein Leben / Am Stamm des Kreutzes schweben« (GA Nr. 75) – »AUf /auf /

mein Hertz mit Freuden / Nim wahr was heut geschicht«
(GA Nr. 79). So zur eigenen Erfahrung geworden, kann sich das, was das singende Ich glaubt, in den verschiedensten von Gerhardt angesprochenen Situationen des Lebens stärkend, tröstend, erfreuend bewähren, im Erleben von Zeit und Natur, in Beruf und Ehe, im vielfältigen Leid, das Krankheit, Krieg und Tod mit sich bringen.

Die Ausrichtung der biblischen Vorgaben auf die persönliche Aneignung und die Subjektivierung der Gehalte des christlichen Glaubens, wie sie hier bei Gerhardt deutlich werden, sind ein Erbe der Theologie Luthers, das der Dichter mit der orthodoxen Erbauungsliteratur teilt. Mit ihr gemeinsam hat er auch die Anleihe bei Traditionen, die ebenfalls Luther nicht fremd waren, auf die die Orthodoxie aber erst im späten 16. und frühen 17. Jahrhundert zurückgegriffen hat, die Anleihe bei mystischen Traditionen. Ohne dass Gerhardt Mystiker gewesen wäre, fand er hier eine Sprache und Bilderwelt, die das existentielle Ergriffensein des Glaubenden vom Gegenstand seines Glaubens anschaulich und berührend darzustellen erlaubten: »O das mein Sinn ein Abgrund wehr / Und meine Seel / ein weites Meer / Daß ich dich möchte fassen!« (GA Nr. 54). Von diesem Traditionsstrom gespeiste Bilder finden sich in vielen von Gerhardts Liedern. Für sechs Lieder zog er mit Gebeten aus Johann Arndts *Paradiesgärtlein* Vorlagen heran, in denen ihrerseits mystisches Traditionsgut verarbeitet ist. Ja, mit dem *Passionssalve* des in den Umkreis Bernhards von Clairvaux gehörigen Arnulf von Löwen (1200–1250), worin die Gliedmaßen des gekreuzigten Jesus meditativ bedacht werden, dichtete Gerhardt gar einen ganzen Zyklus mystischer Tradition nach (GA Nr. 2–8) – das letzte

 Lied dieses siebenteiligen Zyklus, *O Haupt voll Blut und Wunden*, ist zum bekanntesten evangelischen Passionslied geworden.

Der orthodoxe Theologe Paul Gerhardt war ein Dichter des Barock. Durch schulischen und universitären Unterricht anhand des Lateinischen in den sprachbezogenen Disziplinen des humanistischen Bildungssystems Grammatik, Dialektik und Rhetorik wohlgeübt, nahm Gerhardt wie fast alle seine Generationsgenossen die von Martin Opitz ausgehenden Vorschläge zur Regulierung der deutschen Dichtung auf. Ob er dazu, wie vielfach zu lesen ist, von August Buchner (1591–1661) angeregt wurde, der zu seiner Zeit als Professor der Poetik und Rhetorik in Wittenberg lehrte und Opitz' Reform propagierte, muss mangels Quellen offenbleiben. Jedenfalls folgte er den neuen Stilgesetzen; die mehr als 50 verschiedenen Strophenformen seiner Lieder, darunter sieben von ihm selbst neu gebildet, zeugen von dem Anspruch und der Fähigkeit, der Poetik seiner Zeit gerecht zu werden. Gleichwohl gehörte Gerhardt nicht an der Seite eines Rist oder Gryphius zu den gefeierten Dichtern seiner Zeit, weder war er Mitglied einer der zeitgenössischen Sprachgesellschaften, noch errang er die Auszeichnung eines *poeta laureatus*. Mit ihrem und anderer Werk verglichen ist sein Œuvre nicht nur schmal und thematisch begrenzt, sondern es beschränkt sich auch auf den von der zeitgenössischen Stillehre für geistliche Texte vorgesehenen »einfachen Stil« (*sermo humilis*), der, bei aller rhetorisch-poetischen Kunstfertigkeit, an die Normalsprache des alltäglichen und kirchlichen Lebens anknüpft.

Gerade in dieser stilistischen Lage aber erreichte Gerhardts Poesie eine Qualität, die sie wie keine der glänzenderen Schöpfungen seiner dichtenden Zeitgenossen bis heute lebendig hält: ihre einzigartige Sangbarkeit. Nicht umsonst hatte Gerhardt bei etlichen seiner Dichtungen bereits vorliegende Liedmelodien im Ohr. Doch solche Sangbarkeit ist auch gegeben, wo er keinen derartigen Bezugspunkt hatte und die Vertonung erst folgte. So ruht die enge Zusammenarbeit mit Crüger und Ebeling auf einer Kongenialität, die nicht allein von Seiten der Komponisten, sondern auch von seiner Seite her gegeben war. Und es ist folgerichtig, dass seine Gedichte fast ausnahmslos nur in Ausgaben dieser Komponisten und nur zusammen mit ihren Vertonungen erschienen.

Der Gesang, für den die Lieder Gerhardts gedacht waren, war nicht allein der Gesang der Gemeinde in der Kirche, sondern in erster Linie, ja, im Falle der stärker virtuosen Kompositionen Ebelings zunächst wohl ausschließlich, der Gesang zur persönlichen Erbauung im häuslichen »Privatgottesdienst«. So fanden die Lieder denn auch immer wieder, allerdings in Auswahl, Eingang in Erbauungsbücher des 17. Jahrhunderts. Integraler Bestandteil des gottesdienstlichen Liedguts wurden Gerhardts Lieder durch die Aufnahme in pietistische Gesangbücher. Von der Verbreitung und Bedeutung, die sie in der ersten Hälfte des 18. Jahrhunderts erreichten, zeugt ihre prominente Rolle in Kantaten und Oratorien Johann Sebastian Bachs. In der zweiten Hälfte des Jahrhunderts hingegen schätzte man Gerhardt wenig. Aufklärung und Rationalismus des frühen 19. Jahrhunderts führten dazu, dass Lieder aus seiner Feder, wenn überhaupt, nur in zeitgemäß »gebesserter« Fassung in die entsprechenden Gesangbücher aufgenommen wurden. Erst die Rückbesinnung der Romantik auf das ältere deutsche Liedgut und die Rückbesinnung der Erweckungsbewegung auf die reformatorische Theologie ließen Gerhardt im Lauf des 19. Jahrhunderts wieder populär werden, seine Lieder kehrten in großer Zahl in die Gesangbücher zurück. Übersetzt wurden sie auch in Skandinavien und Nordamerika vielfach gesungen. Das gegenwärtige Evangelische Gesangbuch enthält von keinem Liederdichter außer Martin Luther so viele Lieder wie von Paul Gerhardt. Zudem ist Gerhardt mittlerweile auch in Gesangbüchern anderer Konfessionen vertreten. Und auch die vagabundierende Frömmigkeit am Rande der Kirchen fühlt sich in manchem seiner Lieder ausgedrückt.

Dorothea Wendebourg

Literaturhinweise

Paul Gerhardts Leben und Werk ist erschlossen in:

Stegmann, Andreas: Bibliographie der Literatur zu Paul Gerhardts Leben, Werk und Wirkung. In: Wendebourg [s. u.]. S. 333–368.

Besonders empfehlenswert sind folgende Titel:

Axmacher, Elke: Johann Arndt und Paul Gerhardt. Studien zur Theologie, Frömmigkeit und geistlichen Dichtung des 17. Jahrhunderts. Tübingen/Basel 2001.

Jenny, Markus / Nievergelt, Edwin (Hrsg.): Paul Gerhardt. Weg und Wirkung. Zürich 1976

Kemper, Hans-Georg: [Art.] Gerhardt, Paul(us). In: Literaturlexikon. Autoren und Werke deutscher Sprache. Bd. 4. Hrsg. von Walter Killy. Gütersloh [u. a.] 1989. S. 125–127.

Krummacher, Hans-Henrik: Paul Gerhardt. In: Deutsche Dichter des 17. Jahrhunderts. Ihr Leben und Werk. Hrsg. von Harald Steinhagen und Benno von Wiese. Berlin 1984. S. 270–288.

Liebig, Elke: Johann Georg Ebeling und Paul Gerhardt. Liedkomposition im Konfessionskonflikt. Die Geistlichen Andachten. Berlin 1666/67. Frankfurt a. M. 2008.

Noack, Lothar: Paul Gerhardt. In: Bio-Bibliographien. Brandenburgische Gelehrte der Frühen Neuzeit. Bd. 1: Berlin–Cölln 1640–1688. Hrsg. von Lothar Noack und Jürgen Splett. Berlin 1997. S. 147–164.

Petrich, Hermann: Paul Gerhardt. Ein Beitrag zur Geschichte des deutschen Geistes. Gütersloh 1914.

Ruschke, Johannes: Paul Gerhardt und der Berliner Kirchenstreit. Tübingen 2012.

Wendebourg, Dorothea (Hrsg.): Paul Gerhardt – Dichtung, Theologie, Musik. Wissenschaftliche Beiträge zum 400. Geburtstag. Tübingen 2008.

Verzeichnis der Liedtitel und Liedanfänge

Inhalt